Ex Bibliothecâ
Institutionis
DD. Bernard et Auger.

1622

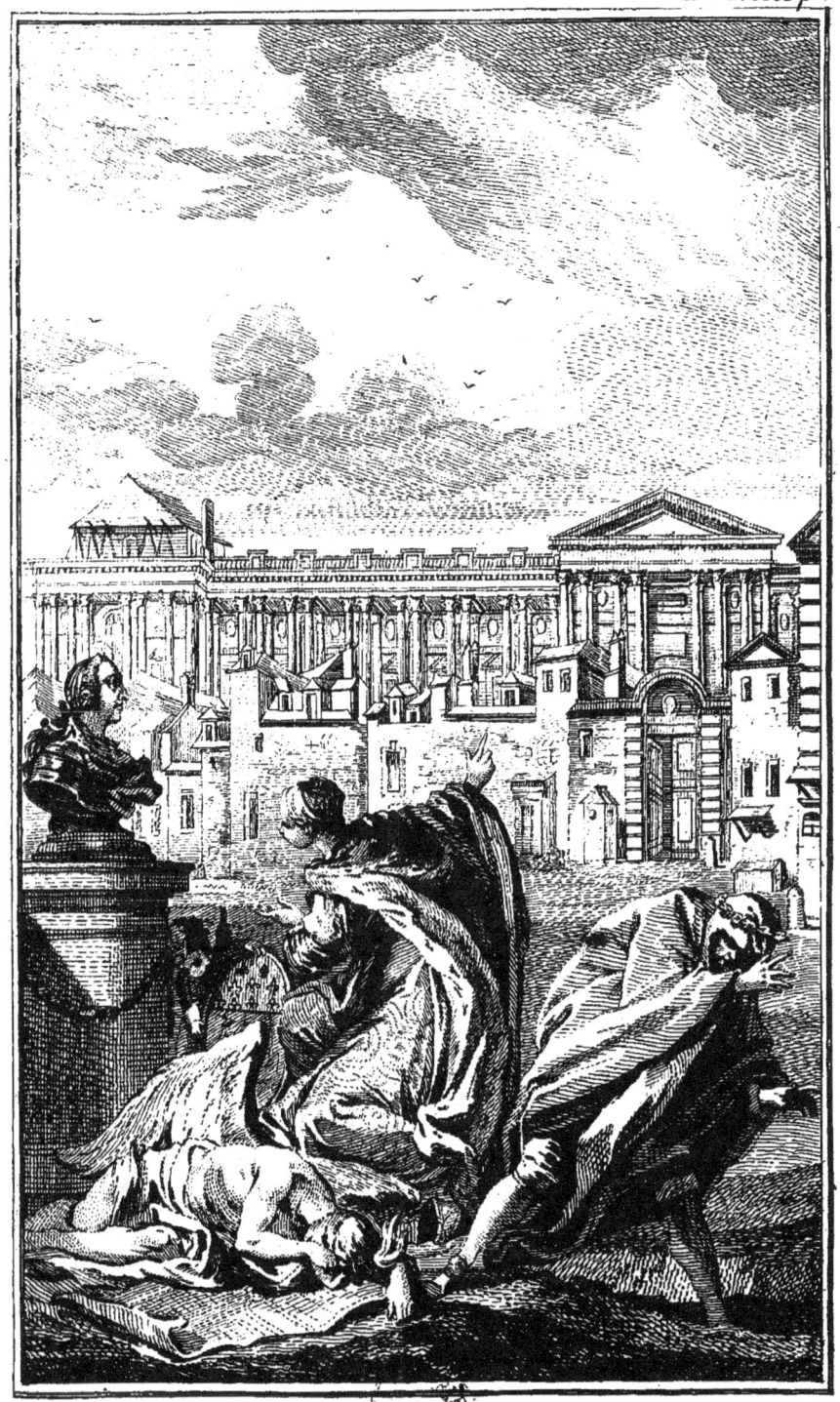

D.L.F. inven. Eisen ideam expres. Le Bas ære cœlav.

L'OMBRE DU GRAND COLBERT.

L'OMBRE
DU GRAND COLBERT,
Le Louvre, & la Ville de Paris,
DIALOGUE.

REFLEXIONS
Sur quelques causes de l'état présent de la Peinture en France.

AVEC

Quelques Lettres de l'Auteur à ce sujet.

Nouvelle Edition corrigée & augmentée.

Vincit amor Patriæ, Verique immensa cupido.
VIRG.

M. DCC. LII.

EXPLICATION

De la Planche du Frontispice.

LA Ville de Paris y est désignée sous le simbole d'une femme couronnée de tours, & par le cartouche de ses armoiries que tient près d'elle un petit Génie. Elle est dans une attitude suppliante aux pieds du buste de LOUIS XV. à qui elle montre l'état déplorable du Louvre, & de son superbe Frontispice deshonoré par une multitude de Bâtimens ignobles & indécens qui en ôtent la vûe aux habitans, & à toute la Nation. A ſes pieds eſt le Génie qui perſonifie le Louvre couché ſur la pouſſiere, prêt à expirer de douleur, atterré & écraſé ſous le poids de l'inſulte & de l'humiliation. On le connoît à ſon plan que l'on voit auprès de lui. Sur le devant eſt l'Ombre de Colbert, Miniſtre le plus zélé qu'ait eu la France pour *la gloire de ſa Patrie & de ſon Roi*, & par les ſoins duquel a été élevé cet incomparable monument. On a mis ſur ſa tête la couronne Civique, & quel Romain l'a ja-

DE LA PLANCHE.

mais mieux méritée! Son action est le moment où il se précipite au centre de la terre foudroyé par l'aspect de l'état présent du Louvre, & du mépris de la Nation pour le plus beau morceau d'Architecture que l'esprit humain ait encore imaginé. On a représenté dans le fond une partie de cette magnifique façade dessinée d'un bâtiment vis-à-vis, mais telle que les passans n'ont pas même la consolation de la voir.

On auroit pû donner dans une autre planche la vûe de l'intérieur du Louvre, & des vj EXPLICATION, &c.

Bâtimens élevés depuis quelques années dans le milieu de la cour, qui semblent également insulter le Souverain, son Palais, & la Nation ; mais leur aspect n'auroit servi qu'à renouveller les cris de tous les Citoyens sur leur existence.

AVERTISSEMENT.

Voici une seconde édition de quelques écrits que le Public a reçu avec bonté & le Citoyen avec intérêt. Le même zèle pour la gloire de la Nation & le progrès des beaux Arts, qui avoit engagé l'Auteur à les publier, & le désir de satisfaire plusieurs personnes qui les ont demandés, leur fait revoir le jour. Ce n'est qu'à l'amour des François pour leur Patrie & pour tout ce qui

AVERTISSEMENT.

peut l'illustrer, que l'Auteur doit le succès de ces écrits, & les applaudissemens que l'on a donné à son courage & à sa généreuse sincérité sur des sujets qui intéressent la gloire & le bien public. Si le titre respectable de *vrai Citoyen* n'est dû qu'aux ames libres, héroïques, élevées au-dessus du vil intérêt qui rapporte tout à son avantage personnel, & qui tient aujourd'hui la plûpart des esprits dans les fers, quelle satisfaction pour l'auteur d'avoir trouvé un aussi grand

AVERTISSEMENT. ix

nombre de Patriotes, si cher aux vrais François & indispensable à tous les hommes, puisque tout homme est né pour être utile à sa Patrie.

Ce ne fut pas sans quelque crainte que l'on publia ce Dialogue. L'aspect de la vérité toute nue blesse la plûpart des hommes, lorsqu'elle gêne leurs passions en éclairant leurs devoirs. L'on voulut ménager leur ressentiment, & leur paroître moins coupable en couvrant sa lumiere offensante du voile de la Fiction.

AVERTISSEMENT.

Trompé par cette ruse, on la voit malgré soi sous l'enveloppe agréable & séduisante de la nouveauté, qui l'égaye & la déguise sans l'affoiblir. Heureux mensonge ! favorable imposture qui mene à la vérité par la route du plaisir ! C'est bien avec justice que la Fiction a mérité les plus grands éloges de l'Antiquité sous le nom d'Apologue, puisqu'elle a formé des peuples entiers à la vertu par l'attrait de l'amusement.

C'étoit donc en ressusci-

AVERTISSEMENT. xj

tant un des plus grands Ministres du siècle passé, & en empruntant son organe que l'Auteur avoit espéré de persuader ceux qui sont établis pour veiller à l'entretien aussi bien qu'à la construction des Maisons du Souverain & de ses Palais, de les persuader, dis-je, qu'il est de leur honneur & de leur devoir d'arrêter la ruine des Edifices qui illustrent le plus la Nation, & de les tirer de l'ignominie à laquelle ils sont abandonnés. Ils n'ignorent pas qu'il y a plus de gloire à

AVERTISSEMENT.

conserver un seul Monument marqué au sceau du génie sublime & de la perfection, qu'à en elever un grand nombre d'irréguliers, ou qui n'ont que des beautés de mode & passageres, dont la chûte un jour nous sera plus honorable que la durée. On s'étoit flaté que la voix de Colbert réveilleroit notre léthargie sur l'amour de la Patrie, & tout ce qui peut en augmenter & en éterniser la gloire; Vain espoir! notre Nation toute de feu pour les nouveautés frivoles

AVERTISSEMENT. xiij
& follement bizarres, est de glace pour des chefs-d'œuvres de génie & de perfection qu'elle a sous les yeux depuis long-tems, quelques dignes qu'ils soient de ses attentions, & de porter à la postérité la grandeur de son goût & la hauteur de ses pensées.

Si plusieurs de nos Provinces, entr'autres celles du Languedoc & de la Provence, ont toujours eu soin de réparer avec de ttès-grands frais les ruines des monumens & des édifices élevés par les Romains ou de les prévenir, quoique leur conservation soit uniquement à la gloire d'un peuple étranger & qui n'existe plus, quels travaux ne devroit pas entreprendre la capitale de la France pour éterniser des ouvrages encore plus admirables, enfantés par la Nation, & qui seroient pour les siècles à venir des témoins aussi superbes qu'incontestables de la force & de la supériorité de son talent pour les beaux Arts sur tous les peuples de l'univers! Mais je le dis enco-

AVERTISSEMENT. xv

re, tel est le caractère presque général de ce François si ingénieux & si inventeur; le Beau ne l'affecte plus dès qu'il est trop long-tems exposé à ses regards : il ne lui est pas seulement indifférent, il lui devient presque méprisable. Nos plus excellens écrits supérieurs, ou tout au moins égaux à ceux des meilleurs siècles de l'antiquité en certains genres, (*) ont bien de la peine à se sauver de cette injustice, &

―――――――――――――――

(*) Dans le Drammatique, le Lyrique, &c.

éprouvent souvent nos dégoûts. Quel rempart, quelle digue opposer à ce torrent prêt à tout inonder ? L'on me dira qu'il faut céder au tems dont la violence emporte tout, change, détruit & renverse sans distinction tout ce qui existe ici-bas. Que l'esprit comme la matiere est soumis à son empire, & par conséquent les Ecrivains & les Artistes. Combien de fois ils ont éprouvé sa barbarie ! N'a-t-on pas vû pendant plusieurs siècles, la profonde nuit de l'ignorance enfevelir tous les génies, & fuccéder affez rapidement aux jours les plus lumineux & les plus fçavans par un enchaînement de caufes inconnues & d'effets inévitables ? Ouvrons les annales du monde pour nous en convaincre ? Mais eſt-il bien démontré que ces effets foient inévitables & infaillibles, quand ils font prévenus par des attentions actives & les travaux affidus de la vigilance ? Lorfque Rome fçavante fur le penchant de fa ruine, vit dans tous les lieux de fon empire les Sciences & les Arts prêts d'expirer, entendit-elle autant de voix s'élever, autant de Citoyens pousser des cris sur sa grandeur mourante, que Paris en fait entendre aujourd'hui dans son enceinte ? Vit-elle d'aussi fortes plumes & en aussi grand nombre se joindre aux cris publics, & former ce concert douloureux de plaintes & d'allarmes sur la ruine du bon goût ? Oui, j'ose l'avancer, un seul homme revêtu d'autorité, avec une ame & un cœur Citoyen, par conséquent d'un génie élevé, actif, animé par les obstacles, fléau implacable de ces lâches & coupables adulateurs, qui abâtardissent les esprits, flétrissent l'ame des Rois, & écartent d'auprès d'eux la sincérité, l'esprit de discernement, & les bons conseils plus précieux que leurs trésors, pour enchaîner à leur trône le mensonge, l'inaction & la crédulité, sources funestes de toutes les injustices & des plus mauvais choix. Un homme assez grand pour s'estimer tel sans une grande fortune, & en même tems aſſez fier & aſſez droit pour abhorrer les voies baſſes ou ſuſpectes qui y menent : Un homme ſenſible aux biens & aux maux de ſa Patrie, au point de ſe croire élevé par ſa gloire & humilié par ſon deshonneur: paſſionné pour les Sciences & les Arts, & fortement perſuadé de la néceſſité de leur perfection pour l'éternelle réputation de ſa Nation, de ſon Roi, & de lui-même, ce ſeul homme ſuffiroit pour renverſer dans peu d'années

AVERTISSEMENT. xxj

ce goût faux & futile qui regne aujourd'hui sur tous les esprits, & dont le Trône n'a d'appui que l'indifférence des superieurs, l'audace & la licence des Ecrivains. Par lui l'on verroit sûrement renaître dans nos ouvrages la décence avec l'utilité, la force avec la simplicité, & les graces avec la nature.

Sans chercher chés les étrangers des exemples pour autoriser mon sentiment, j'en pourrois citer plusieurs parmi nous, je m'en tiens à ces deux ci.

AVERTISSEMENT.

Le Maréchal de Turenne, après avoir proscrit les anciennes coutumes militaires, change le caractere national, donne aux troupes étrangeres une activité dont elles s'étoient crues jusqu'à lui incapables, ôte aux François leur légèreté & leur impatience naturelle, apprend aux soldats à souffrir les fatigues sans murmurer, aux Courtisans à oublier la Cour, & à convertir leurs inclinations les plus cheres, en passion pour la gloire du Roi, & celle de leur propre nom.

AVERTISSEMENT. xxiij

Le zéle infatigable de Colbert pour la plus grande illustration de sa Patrie, fait faire à sa Nation des prodiges aussi étonnans dans le cours rapide de son Ministère que Turenne dans l'art de la guerre, & ce grand Ministre ne perdroit rien dans un paralelle exact vis-à-vis de ce Héros de valeur & d'humanité. Seroit-il donc impossible de trouver encore aujourd'hui parmi nous des hommes de cet ordre supérieur & avec les qualités que je demande pour le rétabliſſement du goût? Non, on en verroit encore, s'ils oſoient ſe montrer un inſtant, ſans être auſſi-tôt écraſés par le crédit des concurrens, & déchirés par l'envie, cette ennemie attentive & cruelle de tout mérite qui diſtingue, & qui éleve un homme au-deſſus d'un autre homme.

Je ſçai que nos connoiſſances ſuperieures en nombre & étendue à celles des anciens dans beaucoup de genres, ſont pour le tems préſent une barriere à l'ir-

ruption

AVERTISSEMENT. xxv

ruption soudaine de l'ignorance & de la barbarie. Mais la hardiesse de nos écrivains d'aujourd'hui à violer toutes les régles & les bienséances; nos esprits occupés à dévorer & à admirer sans réflexions des ouvrages ingénieusement frivoles & licentieux, tout nous conduit nécessairement au décri & à la ruine de ce qui est pensé fortement & utilement. Accoutumés à voltiger autour de la superficie de chaque chose, nous sommes devenus incapables de rien approfondir,

& d'ouvrir le sein de la nature toujours avare & toujours féconde, pour en tirer des beautés mâles & de tous les tems, que les veilles & les travaux seuls peuvent lui ravir. La plûpart de nos ouvrages sont sans idées, où elles sont dérobées à nos bons Modernes. Nous dédaignons celles des Anciens, dont la majesté, la précision, le grand sens, le sel exquis ne sçauroient piquer un goût qui n'a plus que des sensations dépravées. Pour déguiser ces larcins faits aux

AVERTISSEMENT. xxvij
Auteurs originaux du siècle dernier, nos stériles petits auteurs retournent leurs pensées, les pressent, en expriment la substance qu'ils dégradent, & qu'ils exténuent par le clinquant & l'oripeau dont ils les habillent. Ils s'efforcent encore pour les mieux travestir, de les couvrir d'un nuage mistérieux & plein de finesse pour nos beaux esprits, & ceux qui les rassemblent ; mais galimathias parfait & persiflage odieux pour toutes les têtes saines dont ils affli-

gent le bon goût, & irritent la raison. Malheureuses productions! où les mœurs, la Religion & nos devoirs sont presque toujours outragés, & tournés en dérision! où rien n'étant pensé de génie, tout languit sans nerfs, tout rampe sans élévation. Riches de phrases & de mots, pauvres de sens & de choses: abondantes en épithètes neuves & recherchées, mais impropres, forcées, le plus souvent discordantes avec le sujet. Productions ennemies de la clarté, de la simplicité,

AVERTISSEMENT.

& du naturel : où l'on trouve enfin souvent de l'esprit, mais qui voulant briller sans cesse & presque jamais à propos, semble n'avoir pour but que de revêtir tout ce qui est pensé sensément & avec quelque profondeur, de la triste livrée de la pesanteur & de l'ennui.

Où chercher les principes & les causes de cet égarement général ? de ces flots d'écrits vains, audacieux, quelquefois même extravagans qui débordent chés nous de toute part, & nous feront bien-tôt regarder comme le fléau de l'esprit humain, cet art admirable (*) que notre industrie se félicitoit d'avoir inventé pour l'enrichir & l'étendre? N'en doutons point, c'est dans le grand nombre des adorateurs de tous ces faux brillants, de ces saillies ingénieuses enfantées par une imagination ardente & fertile, mais sans justesse & sans frein, que nous en trouverons la véritable source. Il est plus dangereux qu'on ne pense de laiss-

_____

(*) L'Imprimerie.

AVERTISSEMENT. xxxj
fer trop souvent usurper à l'imagination les fonctions du jugement. Cette enchanteresse qui ne cherche qu'à nous séduire, aura bien-tôt la préférence sur tout ce qui demande de la réflexion, & nous dégoûtera des régles & du raisonnement. Elle affoiblira insensiblemet tous les esprits, & les rendra incapables d'éxaminer ce qui nous éblouit, d'apprécier la justesse des idées, de les comparer, d'appercevoir les liaisons des conséquences avec leurs principes, & l'enchaînement
c iv

des parties avec le tout. Sans principes, nous jugeons toujours par un sentiment confus, & contens de certaines impressions générales, les détails nous fatiguent & nous rebutent: Ce n'est pourtant que par la connoissance de ces détails que l'on parvient à voir clairement les objets, à distinguer l'or du clinquant, & les fausses beautés d'avec les véritables.

Rien n'autorise donc davantage l'erreur des jugemens, & la dépravation du goût de ce siècle, que cette

AVERTISSEMENT.

foule de suffrages bruyants & précipités, prononcés avec toute l'étourderie & l'intrépidité de l'ignorance. Ils entraînent nécessairement la multitude jusqu'à ce que le tems & l'universalité de sentimens aient forcé l'orgueil de ces apologistes d'ouvrir les yeux à la Vérité, & de jouir du spectacle ravissant de sa beauté: spectacle qui pénétre l'ame d'une satisfaction intime & d'un plaisir délicieux dont elle se félicite, & auquel celui de l'illusion passagere des plus agréables mensonges ne sçauroit jamais atteindre.

Je crois avoir assez désigné ceux qui portent au bon goût, & aux vraies beautés les coups les plus dangereux, & qui perdront dans peu celui de toute la Nation. Plus le désordre augmente & se répand, plus le zéle doit être ardent à le combattre, plus grande doit être la liberté d'agir & de parler contre ceux qui l'entretiennent. Ne nous lassons donc point de nous élever contre ces plumes hardies & conta-

AAERTISSEMENT. xxxv

gieuses. Redoublons nos efforts & nos cris, ne fut-ce que pour rallentir la rapidité de la contagion, & pour la consolation d'une petite, mais précieuse portion de bons esprits qui gémissent en demeurant fermes dans l'amour du vrai, & de ce beau invariable, fondé sur la raison, indépendant des révolutions du tems & des folies de la mode.

Ce sont là les motifs qui doivent allumer notre zéle & acérer nos traits contre ce goût dépravé, si funeste aux

Lettres & par conséquent aux Arts, puisque les Ecrivains excellens & les habiles Artistes ont toujours marché d'un pas égal, & que la chûte des uns entraîne nécessairement celle des autres. La corruption de nos Ecrits étant même beaucoup plus grande que celle des Arts, nous devons plus fortement nous élever contre elle. Nous sommes sur le point de perdre entierement le fruit de toutes nos richesses littéraires du siècle passé, richesses si abondantes & si glorieuses à

AVERTISSEMENT. xxxvij
la France, qu'elles l'avoient portée à un dégré de célébrité qui fut une éclipse presque générale pour toutes les autres Nations.

Tout n'est point cependant désespéré. Le corps François n'est pas entièrement cangrené, il lui reste encore des membres sains & vigoureux dans cette petite, mais précieuse portion de bons esprits dont je viens de parler. Rarement à la vérité, & très - rarement voyons-nous sortir des mains de nos Ecrivains & de nos Artistes des ouvrages dignes de vivre chés la postérité, mais enfin nous en voyons. Il se trouve encore des hommes parmi nous assez courageux pour ne pas borner leurs vûes aux limites étroites de leur âge, & qui embrassent l'âge entier du genre humain. Il est encore des génies assez hauts & assez hardis pour préférer les suffrages du petit nombre, à l'encens perfide d'un troupeau d'aveugles, dont peut-être un jour la raison murie & éclairée par des réflexions

& des connoissances, rougira des éloges prostitués à des ouvrages si dignes de mépris, & dont ils seront aussi coupables que les Auteurs par leurs applaudissemens, & l'excès de leurs louanges.

L'on trouvera dans cette nouvelle Edition beaucoup de corrections, quelques augmentations & des retranchemens nécessaires. Tels sont ceux que l'on a fait dans les *Réflexions sur quelques causes de l'état présent de la Peinture en France*, où l'on a supprimé l'examen des ou-

AVERTISSEMENT.

vrages qui furent exposés cette année au Louvre, il ne convenoit plus de les rappeller. L'Auteur pourroit avoir à se reprocher d'avoir publié le premier des réflexions sur cette exposition, par le fiel & la malignité de ceux qui ont écrit les années suivantes sur le même sujet, si son examen n'eût été fait avec tous les égards & les ménagemens de la critique la plus mésurée & la plus sage. Eh quelle loi doit être plus inviolable & plus sacrée que celle de ne jamais offenser personne

AVERTISSEMENT.

sonne, sur-tout dans des écrits pubics? Il n'a point répondu à quelques censures de son Examen trop foibles on trop grossierement malignes pour l'émouvoir, ou mériter son attention; mais il s'est déclaré redevable aux Auteurs des censures raisonnables qui l'ont éclairé sur des fautes qui lui sont échappées, & auxquels il a fait des remercimens dans ses écrits sans les connoître. Quand on aime la vérité bien sincérement, on l'embrasse de tout son cœur de quelque part qu'elle vienne, & de la bouche même de ses ennemis. Eh quel aveu plus raisonnable peut faire la raison, que d'avouer sa propre foiblesse & l'obscurité de ses lumieres !

Les principales fautes de l'Auteur sont des reproches au sujet du Portail S. Gervais, à Mr. Turgot ce célébre Prévôt des Marchands, dont la mémoire vivra éternellement dans le cœur de tous les habitans de la Ville de Paris, qui pleurent encore sa perte. Telle a été encore la critique peu

AVERTISSEMENT. xliij
fondée de quelques ouvrages d'Architecture des Srs. Servandoni & Doucin. Il doit à ce dernier des éloges à sa science pour tout ce qui regarde la distribution de l'intérieur d'un Bâtiment, science si utile & si négligée, souvent même entiérement ignorée des Architectes le plus en réputation. (*)

―――――

(*) Cette Science est si importante à tous ceux qui font bâtir, qu'elle leur procure un des plus sensibles agrémens de la vie, quand leurs appartemens se trouvent disposés selon leurs goûts & leurs besoins, & que l'Architecte a sçu deviner leurs intentions, corriger leur caprice, & fixer leurs incertitudes à leur avantage. Le plaisir qu'ils en retirent journellement, les paye avec usure des dépenses toujours considérables pour tout *Edificateur*.

L'on a redonné dans cette Edition quelques Lettres qui avoient déja été imprimées, dont la plûpart font

Comme auſſi la mauvaiſe diſtribution de leur habitation leur cauſe des chagrins d'autant plus vifs qu'ils éprouvent à chaque inſtant des incommodités qui leur ont coûté très-cher, & qui ſont irréparables. La Magnificence d'une décoration extérieure ſi convenable & ſi néceſſaire aux Edifices publics & aux Grands, eſt inutile & même déplacée chés des particuliers qui ne bâtiſſent que pour la commodité, la néceſſité, ou le revenu. A leur égard le principal objet d'un Architecte ſenſé & honnête homme, doit être de remplir leurs vûes, & d'égaler leur dépenſe à leur fortune. Sans cette derniere attention, il ſe rend coupable de leur ruine infaillible; nous n'en avons que trop d'exemples. J'ajoûte encore à ces devoirs, l'obligation indiſpenſable de ſupputer exactement ce qu'il en doit coûter à celui qui l'employe pour conduire ſon ouvrage à ſon entiére perfection, & de ne jamais abuſer de la paſſion d'un particulier à bâtir, pour l'attirer dans ce piége par la perfide aſſûrance d'un prix médiocre, & fort au-deſſous du réel. Combien à ce ſujet les loix des Grecs & ſurtout celle d'Epheſe étoit ſage, qui contrai-

AVERTISSEMENT.

relatives aux beaux Arts. La premiere intitulée, Lettre de l'Auteur des Réflexions sur la Peinture, &c. fut fai-

gnoit les Architectes à déclarer par un écrit le prix de la construction d'un Edifice, & leur faisoit engager tous leurs biens pour être garants du payement ! Si la dépense n'excédoit que le quart de la somme déclarée, le surplus éoit fourni par les deniers publics ; mais au-delà du quart, l'Architecte étoit obligé de payer la somme en entier, & de faire jouir le Proprietaire de son bâtiment.

Je sçai que cette Loi seroit difficile à mettre chés nous en pratique. Le François qui fait bâtir, est trop inconstant pour s'en tenir à un plan fixe pendant tout le tems qu'on met à l'éxécuter. Il y fera souvent des changemens qui renverseront toutes les mesures & les supputations de son Architecte.

Un particulier doit donc rechercher avec grand soin un Architecte qui ait la réputation de probité & d'habileté pour la distribution des dedans. Non-seulement il lui rendra sa maison délicieuse, s'il l'habite, par sa parfaite correspondance à ses usages & à ses intentions ; mais il y sçaura placer des agrémens & des commodités générales & convenables à toutes les personnes à peu près de son état qui

xlvj AVERTISSEMENT.

te pour le justifier envers ceux qui se crurent offensés de ce que l'on avoit osé examiner leurs ouvrages exposés. Il y déclare la droiture de ses intentions, & répond à quelques reproches qui lui furent faits à ce sujet, & sur-tout à un Paradoxe singulier, avancé à son occasion dans une assemblée publique & respectable. (*)

La seconde fut écrite aux Auteurs du Mercure, pour publier le désaveu qu'y fait

---

s'empresseront d'y loger, ce qui en augmentera considerablement le prix, & par conséquent ses revenus.

(*) L'Académie de Peinture.

AVERTISSEMENT. xlvij
l'Auteur des cenfures injuftes & fatiriques qui parurent les années fuivantes fur les expofitions des Tableaux au Louvre, & qui lui furent attribuées par plufieurs Peintres fans fondement ni vraifemblance. Les bons juges du ftile fentirent aifément la différence du fien, d'avec celui de ces rudes & mordans Ecrivains; & d'ailleurs ceux qui connoiffoient fon caractére, l'en ont pleinement juftifié. C'eft à cette derniere marque comme au fceau d'un Auteur qu'il de-

vroit être jugé & reconnu avant de hazarder de malignes imputations. On peut déguiser son stile, quoique avec peine, mais on ne déguise jamais son caractére. Les Auteurs de ces coupables calomnies si nuisibles aux Artistes qu'elles attaquoient, crurent ne pouvoir mieux se masquer que sous son nom. Retranchés sous cet abri comme derriere un mur, ils ont lancé hardiment leurs traits contre tous les ouvrages de leurs confreres que des inimitiés personnelles

sonnelles, ou des jalousies de profession leur rendoient odieux. Je dis leurs confreres, parce qu'on apperçut bien-tôt que les mains d'où ces coups partoient, quittoient tantôt le ciseau & tantôt la palette pour les frapper. Si ceux, qui sur la foi de leurs écrits ont crû l'Auteur du premier examen coupable de ces libelles, les avoient lûs avec plus d'attention, ils eussent été bientôt détrompés, puisque ces Ecrivains ont été assez peu sensés pour ne pas même épargner dans leurs censures, celui dont ils usurpoient le nom. Quelle apparence qu'un honnête homme qui met le prix de sa réputation bien au dessus de toutes les richesses, voulut la déchirer de ses propres mains, & la sacrifier à la détestable satisfaction de décrier des Artistes estimables par leur caractére & par leurs talens, & d'ailleurs d'un mérite fort au-dessus du commun !

Une généreuse Critique renfermée dans les bornes de la douceur & de la poli-

AVERTISSEMENT.

tesse, étant la seule voie ouverte aux Auteurs & aux Artistes pour les mener à la perfection, ils devroient regarder leurs Censeurs comme leurs seuls vrais amis, & ceux qui les louent aveuglément, ou sans restriction, comme leurs ennemis les plus dangereux, suivant cette maxime d'un des plus grands Politiques de l'ancienne Rome, *Pessimum genus inimicorum Laudatores*, & traduite ainsi par un de nos grands Poetes,

...Et de nos ennemis songeons que la louange
Est le plus dangereux.

AVERTISSEMENT.

L'on a placé ensuite le Remerciment des habitans de la Ville de Paris à S. M. sur l'achevement du Louvre. Bien des personnes ignorent que quelque tems après que l'Ombre de Colbert eut paru, les plaintes du Louvre sur son entier abandon & les menaces de sa ruine prochaine, allerent jusqu'aux oreilles du Roi. S. M. parut mécontente de qu'on ne lui eut jamais parlé de l'état de son Palais, & Elle ajoûta qu'elle auroit destiné depuis long-tems une certai-

AVERTISSEMENT. liij
ne somme par années pour le faire achever. Le Roi donna ensuite des ordres pour en faire lever le plan, & lui tracer l'extérieur & l'intérieur de cet Édifice, avec un état de la dépense nécessaire pour son achevement en commençant par le faire couvrir. Mais il survint alors des empêchemens qui ont arrêté l'exécution d'un projet si désiré par toute la Nation, & si important à sa gloire.

Ce recueil est terminé par une Ode sur les progrès de la

Peinture sous le Regne de Louis le Grand. L'Auteur la composa en 1725. pour le prix de l'Académie. Ce fut bien moins dans l'espérance de le remporter qu'il y travailla, que pour satisfaire son goût pour ce bel Art dès sa plus tendre jeunesse, & publier les connoissances qu'il en avoit. Il n'ignoroit pas que quand même il eût été fort versé dans celui de la Poësie, l'Ode est d'une hauteur si inaccessible par l'enthousiasme, la majesté & le stile sublime qu'elle exi-

AVERTISSEMENT.

ge, que parmi nos Poëtes François dont le nombre est immense, à peine en trouve-t-on deux ou trois qui aient pu y atteindre. Le célébre Rousseau notre Horace François, & qui tiendra le même rang chés les autres Nations aux siécles à venir, qu'occupe aujourd'hui parmi nous l'ami d'Auguste, Rousseau dit un jour à l'Auteur, Qu'il ne suffisoit pas pour exceller dans ce genre d'ètre Poëte, qu'il falloit encore avoir reçu de la nature un génie particulier pour le grand su-

AVERTISSEMENT.

blime qui seul caracterise cette espéce de Poëme. Ce fut en l'entretenant à Bruxelles de ses Odes sacrés qu'il s'expliqua ainsi : Il avoua qu'il n'en avoit jamais été satisfait, & qu'elles lui paroissoient rampantes & prosaïques, quand il les comparoit à l'élevation & à la force de la Poëfie du texte Hébreu.

L'on a hazardé un changement dans l'Ortographe du mot *Dessein* qui a deux significations fort différentes. Il est employé pour exprimer

AVERTISSEMENT. lvij

Projet, *Intention*, *Idée* d'une action que l'on se propose, mais plus vague & moins déterminée que *Résolution* : par exemple, *le Roi a eu dessein de faire couvrir le Louvre*, on lui a laissé dans ce cas son ortographe ordinaire. Mais lorsqu'on s'en sert pour désigner l'une des trois parties de la Peinture, & qu'il signifie le contour & les proportions exactes ou vicieuses de la figure humaine & de ses parties, ou le canevas d'une pensée que le Peintre a jettée sur le papier avec la plume, le craïon ou le pinceau, foit pour refter en cet état, foit pour être exécutée dans fes proportions, alors on a retranché le dernier *é*, pour éviter, aux Etrangers fur-tout, la confufion aux yeux des deux termes, ne pouvant fauver celle de l'oreille. Exemple, *l'Ecole Françoife a égalé toutes celles d'Italie au fiécle dernier dans la partie du Deffin & de la Compofition, mais elle leur a été inférieure dans celle du Coloris.* L'on s'eft cru d'autant plus autorifé à fupprimer cette

AVERTISSEMENT. lix
lettre dans ce substantif, qu'elle n'a jamais été employée dans son verbe *Dessiner.* L'on écrivoit anciennement *Desseing*, & l'on disoit *Dessigner*, prononciation que sa rudesse a fait tomber. Il n'en a pas été de même dans le mot *Seing* pour signature, où l'on a laissé le g, parce qu'on l'a gardé dans le verbe *Signer.* Ce qui distingue *Seing*, signature, de *Sein*, Sinus. Cet inconvénient se trouve presque dans toutes les langues & sur-tout dans la Latine. Le mot *Cepe*

a dans différens cas, quatre différentes significations : Oignon, Haïe, Souvent, & Serpent ; mais ils ne sont pas écrits de la même façon. Il en est de même de *Os*, *Res*, *Gallus*, *Occidere*, *Esse*, & mille autres. On pourroit diminuer leur nombre dans la nôtre par des différences dans l'ortographe qui les distingueroient aux yeux, en attendant que l'oreille en sente un jour la différence par un nouveau terme.

L'on n'a point observé l'ordre des tems dans les

AVERTISSEMENT. lxj

Piéces de cette Edition. L'Ombre de Colbert a été mise la premiere, quoiqu'elle n'ait paru qu'après les Réflexions sur la Peinture, aussi bien que les Lettres qui sont à la suite. Mais ayant été choisie pour le sujet de la Planche du Frontispice, on n'a pas crû devoir les séparer.

Beaucoup de Lecteurs ont trouvé quelque difficulté à chercher les Notes à la fin de l'ouvrage dans la premiere Edition, c'est ce qui les a fait mettre en celle-ci au

AVERTISSEMENT.

bas de chaque page.

Voilà tous les avis que l'on a estimés nécessaires à la tête de cette Édition. On n'a pas jugé à propos de répondre aux critiques du stile, & de quelques défauts d'exactitude dans le Dialogue, on a eu l'attention de l'interrompre en quelques endroits qui avoient parus trop longs.

L'Auteur, qui auroit souhaité de tout son cœur n'être jamais connu, espére que son zèle pour la gloire de la Patrie, & pour le bien de sa

AVERTISSEMENT. lxiij
Nation, lui mériteront de nouveau l'indulgence & l'approbation des cœurs vraiment citoyens, & c'eſt la ſeule à laquelle il ſoit ſenſible. Il fait ici l'aveu ſincére (& plût-à Dieu que l'honnête homme pût trouver aujoud'hui de la foi ſur ſa ſimple parole !) qu'il n'a jamais ambitionné de louange, ni eû d'autre objet en écrivant, que le plaiſir de voir ſes écrits ſuivis de quelques effets avantageux au Public, à l'Etat, & aux beaux Arts. Quel éloge ! quelle ſatisfac-

tion que celle d'un tel succès ! Les Rois ont-ils des faveurs, ont-ils même des dons qui puissent compenser un plaisir si pur & si sublime ?

Dic illis non quod volunt audire, sed quod audisse semper volent.
Seneca de Beneficiis.

PIECES
Contenues en ce Volume.

EXplication de la Planche du Frontispice, Pag. iij
Avertissement, vji
L'Ombre du grand Colbert, 1
Vers de M. de Voltaire sur le Louvre, 117
Réflexions sur l'état présent de la Peinture en France, 181
Lettre de l'Auteur des Réflexions, 190
Lettre du même à l'Auteur du Mercure, 321
Remerciment de la Ville de Paris à S. M. 333
Ode sur les progrès de la Peinture sous Louis le Grand, 347

ADDITIONS.

ADDITION à la page 102. lig. 4. après ces mots.. *suites nécessaires du Luxe*, ajoûtez en note ce qui suit.

L'on ne sauroit passer sous silence une nouvelle espéce de luxe enfanté de nos jours par l'yvresse de l'abondance, & qui offense les yeux de tout François sensé d'une maniere criante. Une grande partie des Nobles modernes & des nouveaux Financiers, porte l'orgueil & l'insolence jusques à étaler leurs richesses sur leurs gens de Livrée, & s'efforcent d'honorer & d'illustrer cette espece d'hommes dont la multitude excessive & permise fait une playe à l'Etat très-réelle, & bien-ôt incurable, en enlevant à la campagne les Cultivateurs, & en remplissant les Villes, & sur-tout Paris, de Sujets qui ne payent eux-mêmes aucun impôt, & ne servent à l'Etat ni par l'industrie, ni par le travail; hommes par conséquent beaucoup au-dessous du Portefaix & du Manœuvre. Nos nouveaux Crésus enflés d'orgueil, & aveuglés par la surabondance de leur fortune, couvrent aujourd'hui sans pudeur leurs laquais d'or & d'argent pour traîner après eux, publier & afficher dans les rues, les places, les promenades, l'excès & la splendeur de leur superflu, & l'immensité de leur opulence. Ils les vétissent de façon qu'ils sont confondus avec tout honnête-homme, &

que le vrai Gentilhomme qui habite Paris, celui qui vient de Province, & tous ces braves Citoyens qui ont épuisé leur patrimoine, usé leur vie au Service de leur Prince, & à la défense de la Patrie, sont aujourd'hui forcés de rougir de leur ruine & de leur pauvreté qu'ils cachoient auparavant dans la foule, & qu'ils supportoient sans deshonneur. Mais depuis que le faste extravagant des enrichissemens rapides a rendu honteuse & méprisable la simplicité des habits par cette odieuse prostitution de magnificence; depuis que le nouveau noble & le millionaire ont proscrit les couleurs qui les confondoient avec l'ancienne Noblesse si fort au-dessous d'eux & si méprisable à leurs yeux, l'honnête-homme modestement vêtu n'ose presque plus se montrer, ni se présenter dans ces maisons opulentes, & sur-tout à ces heures où l'on dévore sa substance, & où un extérieur uni & sans éclat lui assûreroit la raillerie insultante, & le mépris cent fois plus dur que l'extréme misére, de la part de ces hommes de néant, qui ajoûtent à l'arrogance de leurs Maîtres, celle qu'autorisent ces brillantes enseignes d'un sot enrichi dont ils sont chargés. Un emploi des richesses aussi ridicule qu'il est déplacé, n'at-il pas droit de révolter la raison & l'humanité ? Et se multipliant tous les jours par la contagion de l'exemple, peut-il n'être pas bientôt funeste à l'Etat par la confusion qu'il met dans toutes les conditions ? Un si hardi renversement de tout ordre & de toute bienséance, toléré, doit nous faire trembler qu'il ne soit l'annonce & l'avant-coureur du renversement total & prochain de ce Royaume.

ADDITION à la page 37 en note à la derniere ligne.

Qu'il soit encore permis de se plaindre de la tolérance la plus incommode aux habitans de la Capitale, & dont on pourroit les délivrer au très-grand profit de l'Etat. C'est le nombre & l'importunité des Mendians, fléau de tous ceux qui sont à pied, & ignoré de ce grand nombre de personnes qui ne marchent, ne sortent, n'entrent chés elles & chés les autres, qu'en de riches ou commodes équipages. Combien de services rendroit à l'Etat cette armée de fainéans & de sujets oisifs, l'étonnement de tous les Etrangers, chés qui l'on n'en voit aucun, parce qu'ils les employent à la culture des terres, à des corvées, aux Manufactures, ou à aider les Artisans dans leurs travaux, & dont la disette à Paris les fait survendre leurs marchandises. Tant de bras inutiles, & retranchés du corps de l'Etat, serviroient à faciliter, & à étendre l'industrie si naturelle aux François, & si ingénieuse, & à en quadrupler les revenus.

ERRATA
de l'Avertissement.

Page viij. *lig.* 7. la gloire, & le bien, *lisez*, la gloire de la Nation & le bien.

Pag. ix. *l.* 1. Patriotes si cher, *lisez*, Patriotes, nom si cher.

Pag. xvij. *l.* 9. convaincre ? *lisez*, convaincre.

Pag. xxiv. en nombre & étendue, *lisez*, en nombre & en étendue.

Pag. xxxiij. *l.* 7. universalité de sentimens, *lisez*, des

FAUTES
à corriger dans l'Ouvrage.

Page 96. lig. derniere, *lisez*, intempérie.

Ibid. l. avant derniere de la Note, *lisez*, sans contredit.

Pag. 99. l. 13 de la Note, qui lui restoit, *lisez*, qui leur restoit.

Pag. 147. l. avant derniere de la Note, du siècle de Louis XIV. *ajoûtez*, Mr. de Fontenelle.

Pag. 161. l. 17. importune, *lisez*, importuner.

Pag. 168. l. 20. nos maux affreux, *lisez*, plus affreux.

Pag. 219. l. 9. cette fourmilliere, *lisez*, cette foule.

Pag. 250. l. 8. que le Peintre, a choisi, *lisez*, que le Peintre a choisi.

Pag. 348. Vers 5. Assise, *lisez*, Placée.

Pag. 351. l. derniere, puissant attrait, *lisez*, puissant attrait:

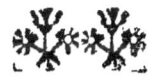

L'OMBRE

L'OMBRE
DU
GRAND COLBERT,
LE GENIE DU LOUVRE,
ET
LA VILLE DE PARIS.
DIALOGUE. (*)

LE LOUVRE.

J'ENTENDS de toute part des cris de joye. Tout Paris est livré à des transports de réjouissance de la publication de la Paix; & je suis

(*) Quelques personnes ont critiqué le défaut de vrai-semblance, & la hardiesse d'avoir fait parler dans un dialogue une Ville & un

A

dans l'accablement & dans la douleur. Faut-il que cette nouvelle, qui va faire le bonheur de tous les François, soit pour moi seul un nouveau sujet de tristesse & de plaintes! O Paris! Ville ingrate! si sensible autrefois à mon élévation, peus-tu l'être aujourd'hui si peu à mes gémissemens & à ma douleur? Peus-tu voir mon déplorable état, & me laisser sans consolation & sans espérance? N'es-tu plus ma mere! & après tant de marques de joye à ma naissance, devois-je m'attendre à un abandon de ta part si entier & si méprisant?

LA VILLE.

Non, mon fils, je ne t'ai point entiérement oublié, puisque tu

---

Palais; mais l'Auteur n'a pas la gloire de l'avoir osé le premier. On trouve des Épigrammes de l'Anthologie, où les Grecs font raconter aux Villes & aux Temples leurs prospérités & leurs infortunes.

me vois accourir à tes cris pour en apprendre le sujet, & soulager ta peine, s'il m'est possible.

LE LOUVRE.

Le sujet! eh, peus-tu l'ignorer Peus-tu voir mon état depuis tant d'années, sans souffrir d'un deshonneur qui fait ta honte! J'ai enduré patiemment mon ignominie dans des tems de minorité & de guerre ; mais j'espérois, après le long cours de celle-ci, que mon Roi vainqueur me feroit sortir de l'indigne tombeau où je suis enseveli. Je me flattois après un si long oubli d'être l'objet des premiers projets d'embellissement qu'on te destine pour immortaliser la mémoire d'une Paix si long-tems attendue, & des Victoires du Héros qui vient de la donner si généreusement à la France. J'espérois qu'après avoir triomphé de ses ennemis au-dehors, & s'être élevé un Thrône dans le cœur de ſes Sujets, il voudroit encore en avoir un dans celui de ſa Capitale. Je me flattois enfin qu'il écouteroit la voix plantive de tous tes habitans indignés de voir cet Edifice conſacré au Maître qu'ils adorent, non-ſeulement abandonné & devenu l'azile des hiboux, mais encore expoſé à une prochaine ruine par cet abandon, & livré à l'excès de l'indécence & du deshonneur par tout ce qui l'environne. Eſpéce de barbarie dont on ne pourroit trouver d'exemple dans aucun de tes Hôtels, non pas même dans ceux de tes plus médiocres Financiers !

LA VILLE.

Eh ! peus-tu croire que j'aye fermé l'oreille juſqu'à préſent aux ſoupirs de mes Citoyens ſur ton avilissement! Penses-tu que j'aye oui sans douleur les discours des Etrangers sur ton déplorable état, & sur-tout des Anglois jaloux de nos belles productions? Voilà, disent-ils en voyant ce Palais, le portrait du caractere de cette Nation. Si le hazard éleve quelquefois son génie à de grandes idées, elle est incapable par sa légereté de les porter à leur perfection. Avide des nouveautés dans tous les genres, elle en préfére les défauts, & même les extravagances à tout ce qu'elle a produit de sage & de sensé, dont elle semble aujourd'hui ignorer le prix. Ennuyée de ses propres Ouvrages auxquels un beau génie, & les plus excellentes proportions ont attiré des applaudissemens universels, elle s'en dérobe la vûe à elle-même, & leur préfére la nouveauté la plus bizarre & la plus irréguliere, unique idole aujourd'hui des François, & à laquelle ils sacrifient tout avec une fureur qui tient de la folie. Voilà les reproches humilians pour moi & pour la Nation, qui sont tous les jours dans la bouche des Etrangers. Sois donc persuadé que j'en suis profondément touchée. Mais quel reméde ? que puis-je sans les ordres de mon Souverain ? & que peut-il sçavoir sans l'attention & le rapport de ses Ministres ? c'est à eux qu'est confié le soin de mes embellissemens, & celui de l'entretien des monumens qui devoient me rendre supérieure à toutes les Villes de l'Univers. Ah ! si les jours précieux du grand Colbert eussent été moins limités ! si le sort ennemi de ma grandeur eût permis à ce zélé Citoyen de finir ses projets, à quel dégré de splendeur ne m'auroit-il pas élevé !

LE LOUVRE.

Ô Colbert ! ô Colbert ! Ministre qui ne sera jamais assez loué ni assez regretté ! O mon pere ! mon créateur ! ma gloire ! la gloire de la France ! où êtes-vous ? Que les Dieux ne vous permettent-ils de quitter un instant cet heureux séjour où habitent les Ministres qui ont été jaloux de l'honneur de leur Patrie & de la grandeur de leurs Rois, pour venir consoler ma douleur, & partager les sujets trop légitimes de mes pleurs & de mon désespoir ! Mais ... Dieux ... ! que vois-je ... ? mes vœux seroient-ils exaucés ... ! seroit-ce bien vous, ô mon pere !

L'OMBRE.

Oui, c'est moi, c'est ce Colbert que tu invoques ; tu le vois paroître aujourd'hui après une si longue absence ; tu vois ce cœur François, ce Citoyen brûlant encore du même zéle pour la gloire de sa Nation & de ses Maîtres. Les accens de ta douleur sont descendus jusqu'aux Champs de l'Elisée, où je jouis des honneurs divins accordés aux Ministres équitables, laborieux, ennemis de la mollesse & des voluptés, objets des génies foibles & médiocres, de ces hommes incapables de vertu & d'amour pour leur Souverain. Ils ignorent leur véritable gloire ; ils la mettent toute entiere dans la fortune & dans les plaisirs qu'ils cherchent, & qu'ils irritent sans cesse par de nouveaux assaisonnemens. Ah ! ces plaisirs peuvent-ils être comparés à ceux d'aimer ses devoirs, d'en remplir l'étendue, d'en imaginer même au-delà qui puissent être utiles à la Patrie ! Voilà la volupté des grandes ames qui seule éleve le courage, étend le génie, & dont la douceur n'est jamais troublée par l'amertume des reproches intérieurs, inévitables aux Ministres inappliqués, esclaves des plaisirs des sens, de la faveur & de la fortune.

LA VILLE.

Grand Colbert, qui êtes aussi mon pere, permettez-moi de rendre l'hommage le plus juste & le plus reconnoissant à celui à qui je dois le plus.

L'OMBRE.

Eh! qui êtes-vous?

LA VILLE.

O question humiliante ! quoi vous méconnoissez cette Ville qui vous est redevable de tout ce qui lui reste de lustre & d'éclat ! ce

Paris que rien au monde n'eût égalé, si une mort trop prompte ne vous eût enlevé à mon amour & à celui de tous les Citoyens !

L'OMBRE.

Eh ! comment ne vous méconnoîtrois-je pas ! irréguliere, difforme, couverte d'ornemens frivoles, de colifichets qui cachent ou qui défigurent toutes vos beautés ! Où sont ces Edifices somptueux, ces Palais, ces Monumens superbes que j'avois commencés, & qui devoient faire admirer le régne de Louis XIV. aux tems & aux peuples les plus éloignés ? Mes vûes, mes soins, tout l'objet de mes veilles étoient de vous rendre la Capitale de l'Univers, & la rivale de cette superbe Rome, lorsqu'elle en étoit la maîtresse. Non content de l'égaler, je voulois vous faire surpasser toutes les pompeuses descriptions que nous en a laissé l'Histoire : projet digne de la Capitale du premier Royaume du monde. Mon génie étoit sans cesse aidé, & étendu par la justesse naturelle & l'élevation du goût de ce Monarque toujours porté au grand, & dont le caractere noble & généreux charmoit moins par ses dons, que par l'art qu'il avoit de donner. Avec un si puissant secours, à quel honneur & à quelle supériorité je vous aurois élevée, si les destins l'eussent permis ! cependant depuis le long-tems qu'ils m'ont ravi à ce séjour, par quelle fatalité vous retrouvai-je dans cet état ?

LA VILLE.

O grand Colbert ! quoique mon extérieur me rende méconnoissable à vos yeux, souffrez que je tombe à vos genoux, & que je les embrasse pour vous exprimer ma joye de vous revoir : elle est si grande qu'elle m'étouffe la parole, & m'en ôte l'usage. Heureuse, si cet embrassement pouvoit vous marquer ma reconnoissance de tous les travaux que vous avez entrepris en ma faveur !

L'OMBRE.

Levez-vous, ma chere Patrie ; oui, je vous retrouve dans les sentimens que vous avez de mes bienfaits. Peut-être vous en ignorez l'étendue. Je vais, pour reconnoître votre amour pour moi, & satisfaire celui que j'ai toujours eu pour vous, vous faire le récit, sans aucune réserve, de tout ce que mon zéle pour mon Roi, & le désir que j'avois de vous rendre la premiere Ville de l'Univers, m'avoient fait entreprendre. Je vais vous en parler sans aucun motif de vanité, & uniquement pour vous mettre en état de comparer depuis mon absence, mes projets avec leur exécution. Peut-être que la connoissance de mon zéle, & des motifs de mes entreprises, vous engagera à solliciter votre Roi pour les examiner & les mettre en œuvre, si elles ont été interrompues, ou sans effet.

Je m'étois en premier lieu appliqué à approfondir le génie & le caractere de ma nation, étude absolument nécessaire à un Ministre entierement dévoué à la gloire de l'Etat, & à réformer les abus inévitables dans le Gouvernement. Je suis persuadé que Louis XV. en fait sa principale occupation, puisque le bonheur de ses Sujets en dépend, & par conséquent le sien propre, en étant le véritable pere.

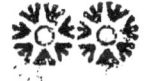

LA VILLE.

O bontés, qui vont me pénétrer de nouveaux sentimens de reconnoissance ! mais quel lieu prendrons-nous pour cet important entretien ? cette Gallerie cy, (*) où j'ai trouvé le Génie de ce Palais, qui vous a coûté tant de travaux, m'y paroît fort propre.

LE LOUVRE.

Hélas ! grand Ministre, c'est le seul endroit du Louvre qu'il m'est encore permis d'habiter avec quelque dignité ; & où l'on voye quelques vestiges des chefs-d'œuvres de votre tems en Peinture & en Sculpture. L'état déplorable où vous le trouvez, ne prouve que trop l'abandon & le mépris au-

---

(*) La Gallerie d'Appollon qui regarde sur la riviere.

quel je suis livré, & qui m'arrache sans cesse des soupirs. Mais n'ayant point de lieu plus digne à vous offrir, pour jouir du bonheur de votre présence, daignez, je vous prie, l'agréer.

L'OMBRE.

J'y consens, quelque indignation que me cause la vûe de cette Gallerie toute dégradée, dont le Brun, ce génie si riche & si fécond, avoit tracé l'Architecture & tous les ornemens du Plat-fond qu'il avoit enrichi lui-même de ses chefs-d'œuvres en Peinture. En quel état d'avilissement & de désordre se présentent à mes regards ces célébres Batailles qui ont fait l'admiration de l'Europe ! Combien de Souverains auroient été glorieux de posséder ces trésors, à quelque prix qu'ils eussent pû les avoir ! Quel magnifique logement ils leur auroient fait conſtruire pour attirer les yeux & la jalouſie de leurs voiſins ! Faut-il que ma Nation ſoit devenue ſi inconſtante dans ſes goûts ! qu'elle ſe laſſe ſi promptement de ce qu'elle a de plus beau & de plus précieux ! enfin qu'elle foule aux pieds, pour ainſi dire, ce qu'elle a adoré ! j'ai cependant de la peine à le croire. J'ai eu des preuves ſi fortes de ſon amour & de ſon eſtime pour les beaux Arts, ſentimens inſéparables de ſes diſpoſitions à y exceller, que je ne la puis juger coupable de l'indigne état où je vois ces chefs-d'œuvres.

LE LOUVRE.

Vous lui devez cette juſtice, ô mon Pere ! & ce ſoupçon lui ſeroit trop injurieux, s'il s'étendoit ſur la Nation entiere. Depuis quelques années cette Gallerie eſt ouverte au au Public pendant 5 ou 6 semaines, & elle retentit encore des plaintes & des soupirs des bons citoyens sur son déplorable état, & sur le désordre de tout ce qu'elle renferme. Non, ce n'est point la Nation qu'il faut accuser d'une négligence qui m'est si honteuse. Je vais bien vous étonner davantage, ô grand Ministre ! & vous percer le cœur d'une nouvelle playe. Vous vous souvenez, sans doute, de l'immense & précieuse collection des Tableaux des plus grand maîtres, que vous engageâtes Louis XIV. de faire enlever à l'Italie & aux pays Etrangers (*) avec des frais considérables, pour meubler dignement ses Palais. Vous pensez, (eh ! qui ne le penseroit comme vous !) que ces richesses sont exposées à l'admiration & à la joye des François de posséder de si ra-

---

(*) Entr'autres par le sieur Jaback.

B

res tréfors, ou à la curiofité des Etrangers, ou enfin à l'étude & à l'émulation de notre Ecole ? Sçachez, ô grand Colbert, que ces beaux Ouvrages n'ont pas revû la lumiere, & qu'ils ont paffé des places honorables qu'il occupoient dans les Cabinets de leurs poffeffeurs, à une obfcure prifon dans Verfailles, où ils périffent depuis plus de 50 années (*).

(*) Depuis la premiere Edition de cet ouvrage, M. de Tournehem, Directeur général des Bâtimens de S.M. a fait tranfporter au Palais de Luxembourg une partie des Tableaux du Cabinet du Roi à Verfailles, avec quelques deffins précieux, & ils font expofés aux yeux du Public deux jours de la femaine. Ç'a été un grand dommage pour la Nation, de ce que tant de tréfors ont été enfevelis fi long-tems. Quel avantage pour nos jeunes Peintres d'examiner, & de pouvoir copier de fi excellens modéles ! d'avoir fous les yeux les Chefs-d'œuvres de toutes les écoles de l'Europe ! Les Etrangers font furpris, & avec raifon de ne voir dans le Palais des Tuileries, ni ameublemens, ni Tableaux. Un autre étonnement de

L'OMBRE.

Dieux, qu'entends-je ! quel deshonneur pour la Nation ! Quel fruit de mes travaux ! Ombre de Louis XIV. Puisses-tu ignorer l'indigne traitement de tant d'illustres prisonniers !

LA VILLE.

N'attribuons point, grand Ministre, à l'inconstance du François le dégoût, ni le mépris de ce qui a été l'objet de son admiration. Combien trouverois-je encore de Citoyens qui sacrifieroient leur

---

leur part, c'est de trouver la premiere piéce de ce Palais occupée par des loges & un amphithéâtre pour des Concerts publics, & au bas de l'escalier un bureau & des Commis qui reçoivent de l'argent pour entrer dans la Maison du Roi, qu'il a long-temps habitée, & qu'il habite encore avec la Reine & la famille Royale dans les séjours qu'il fait à Paris. Ont-ils raison de se récrier contre une si extrême indécence ?

tems, leurs talens & leur bien même à relever mon abaissement, & me procurer des décorations dignes de la première Ville du Royaume. J'en ai plusieurs témoignages ; mais celui qui vous frappera le plus, & qui étoit beaucoup supérieur aux autres, c'est le projet d'un zélé partisan de ma gloire, & de celle des grands Poëtes de sa nation. Il avoit formé le dessein de faire élever au milieu d'une grande place un Mont-Parnasse,(*) sur lequel il auroit rassemblé les Statues de tous les grands Poëtes François qui ont immortalisé leur nom & leur Patrie par leurs Ouvrages; Corneille, Racine, Moliere, la Fontaine, Despréaux, Quinault, &c. Chaque homme célébre auroit été accom-

---

(*) M. Titon du Tillet, qui en a fait faire le modéle chez lui en Bronze.

pagné d'un Génie pour le désigner par quelque attribut. Les Portraits des Poëtes moins fameux, étoient placés dans des Médaillons portés par d'autres Génies. Louis XIV. sous la figure d'Apollon, est au sommet du Parnasse, & la Seine au-dessous de Pégase, fait jaillir de son urne l'Hippocrêne dont les eaux, après mille détours, se précipitent dans un immense bassin. Toutes les figures qui eussent été colossales, les arbres, la montagne & tout l'ouvrage étoit jetté en bronze. Ce généreux Citoyen s'engagea de faire parfaitement exécuter cet auguste monument, l'unique en ce genre dans toute l'Europe, sans qu'il en coûtat rien à l'Etat. Il demanda seulement une place de Fermier Général, dont il auroit sacrifié tout le bénéfice à la construction de ce Mont-Parnasse, elle lui fut refusée. Ah, grand Colbert, avec quelle joye vous auriez favorisé un si magnifique projet!

L'OMBRE.

Quoi! il s'est trouvé dans Paris un François assez Citoyen pour ne vouloir s'enrichir qu'afin de rendre à l'instant toutes ses richesses à sa Patrie par le plus honorable Trophée que l'on ait jamais élevé au mérite littéraire & aux grands génies, & on l'a rebuté? Ah, que n'étois-je encore dans ma Patrie! non-seulement il auroit obtenu cette place de finance qu'il demandoit, place trop médiocre pour un tel Citoyen; mais je l'aurois encore comblé de biens & d'honneurs, pour échauffer le génie de ses compatriotes, & l'exciter à enfanter de pareilles idées si glorieuses & à l'inventeur & à la Nation. Ce que j'aurois ajoûté à ce précieux monument, c'eut été sa Statue placée au bas de l'ouvrage, & dans le lieu le plus apparent pour immortaliser la mémoire d'un Citoyen aussi généreux, & assez enflammé de l'amour de sa Patrie, pour avoir conçu un si grand dessein en son honneur.

LE LOUVRE.

O mon pere ! souffrez que je vous instruise à mon tour de tous les projets qui ont été faits pour ma perfection depuis votre absence, & vous gémirez avec moi....

L'OMBRE.

Non. Laissons pour un moment les sujets de vos douleurs. Elles m'intéressent trop pour n'y pas donner mon attention, quand j'aurai satisfait les désirs qu'a ma Patrie, d'entendre tout ce que j'avois imaginé, & entrepris pour sa gloire.

Je vais commencer par vos dehors. Je voulois qu'ils annonçassent aux Etrangers, plusieurs lieues avant leur arrivée, la Capitale de la France, & c'étoit par des avenues d'une grande largeur, & d'une longueur immense formées par quatre rang d'arbres plantés dans tous ses abords. Quelque occupé que je fusse du dessein d'élever les édifices publics, si importans à la dignité & aux embellissemens d'une Ville bâtie presque au hazard depuis sa naissance, je préférai alors les plantations d'arbres pour sa décoration aux Bâtimens, pressé par le grand nombre d'années nécessaires à leur accroissement, & à la perfection de leurs formes. Le Terrein de vos Ramparts abandonné & impraticable, se vit bien-tôt orné de de quatre rangs d'arbres pour former un Cours depuis la porte S. Honoré jusqu'à celle du Fauxbourg S. Antoine, & qui devoit faire l'enceinte de toute la Ville. Ses portes furent abbatues; leur mauvais goût & l'ancienneté de leur construction, n'auroient pas prévenus les Etrangers en votre faveur, & eussent été peu propres à annoncer les beautés que je vous destinois. A leur place s'éleverent des Arcs-de-Triomphe dans les plus belles proportions & la majestueuse simplicité des Anciens. Ils n'eurent d'ornemens que les actions héroïques de Louis XIV. & ils n'étoient pas suffisans pour les contenir; leur nombre augmentoit tous les jours, ils en seront d'éternels monumens. (*)

(*) La porte de S. Denis bâtie en Arc-de-Triomphe est un morceau d'Architecture des

# LA VILLE.

Que les tems que vous me rappellez, grand Ministre, m'étoient glorieux ! alors les Edifices qui me

plus réguliers & des plus parfaits en son genre. Tous les bons Architectes admirent ses excellentes proportions. Sa composition est de François Blondel. Cette belle porte a trois ouvertures, dont celle du milieu extrêmement élevée, sert au passage des voitures, & les 2 laterales à celui des gens de pied, & leur sont très-nécessaires. Outre cette utilité particuliere, elles ont encore été faites pour la simétrie, & pour former un point de vûe agreable à la rue S. Denis & à son fauxbourg. Depuis quelques années, on a ôté au Public le passage de ces portes, & l'on n'a pas rougi de les louer pour des boutiques, dont l'étalage extérieur & ignoble forme le spectacle le plus indécent. On est persuadé que les Magistrats préposés pour conserver tout ce qui sert à la commodité publique, & s'opposer à ce qui peut dégrader la décoration de Paris, ignorent ces basses avarices des Subalternes qui vendent de tels abus, & les authorisent, ce qui ne seroit pas souffert dans des Villes de Province. Quelle licence d'oser dans Paris fermer des passages nécessaires & aussi utiles à son embellissement !

Un motif aussi désintéressé & aussi noble,

deshonoroient, n'étoient abbatus que pour être magnifiquement remplacés. Depuis votre absence, on a détruit les portes de la Conférence & du Fauxbourg S. Honoré, sans aucune raison d'embellissement. (*) L'emplacement de cette derniere eût été le lieu le plus

---

fait placer depuis un an des Boutiques dans le passage du Louvre sous le beau Peristile à Colonnes d'ordre Ionique, cannelées & couplées, d'une belle exécution & d'une excellente proportion. Les Colonnes addossées aux murs, sont cachées de plus de moitié ; & on les a percées par-tout pour y sceller la menuiserie de ces boutiques indécentes. Le Public & tous les bons Citoyens ont gémi inutilement en voyant masquer cette belle Architeture, dégrader ces Colonnes élégantes & d'une belle Sculpture par des vûes d'interêt aussi méprisables.

(*) Le Dessin de ces deux Portes étoit d'un assez mauvais goût & d'une forme grossiere. Comme il convient à une Ville de l'étendue de celle de Paris, que l'on en puisse fermer les entrées en certaines occasions importantes, il est non-seulement de la décence, mais encore de sa sureté qu'elle ait des Portes. On avoit résolu d'en bâtir une à la place de celle de la

convenable pour élever un Arc-de-Triomphe à Louis XV. l'entrée de Paris par cette porte étant une des plus avantageuses par la beauté des maisons de la rue S. Honoré en cette partie. Cet Edifice termineroit très-convenablement un Fauxbourg enrichi d'Hôtels superbes ; son aspect frapperoit de loin les Etrangers, & tous ceux qui arrivent, & les prépareroit à l'admiration de mes beautés. Mais bien loin d'avoir

―――――――――

Conférence d'un beau modéle, & elle eût été un grand ornement à la Ville du côté de la riviere, par l'avantage de sa situation. Mais le Magistrat, qui a rendu un si grand service au Public en faisant placer des Lanternes tout le long du Cours, s'y opposa, parce que cette Porte auroit dérobé à quelques endroits des Quais & des Ponts de Paris, la vûe de deux ou trois de ces Lanternes. Cette raison décida pour la négative, & a privé la Ville d'un édifice aussi nécessaire, & dont l'heureux emplacement auroit fait un des plus grands ornemens de Paris, étant vû de tous les côtés, & sur-tout en arrivant de Versailles.

rien élevé de somptueux à la place de cette porte, on y a bâti deux maisons de particuliers, qui seroient à peine dignes d'orner l'entrée d'une petite Ville de Province.

L'OMBRE.

Que me ditez-vous? est-il croyable que l'on abandonne ainsi aux particuliers la licence de suivre leurs caprices dans des lieux aussi apparans, & dont les points de vûe sont de cette importance pour la décence & l'embellissement de la Capitale ? Eh ! comment ceux qui sont chargés de sa décoration, & qui président aux édifices publics, soufrent-ils de tels attentats aux droits & à l'honneur de leur place, & à votre propre honneur.

LA VILLE.

Mon honneur ! hélas, grand Miniſtre, nul n'en eſt chargé. On vient d'élever tout nouvellement vis-à-vis le magnifique & reſpectable Palais des Tuileries, un bâtiment très-conſidérable en partie aux frais du Roi. Les Architectes ont eu la liberté de n'obſerver dans ſa façade ni régles, ni agrémens, ni égards pour en placer le portail vis-à-vis celui de l'entrée de ce Palais, dont il fait le ſeul point de vûe. N'eſt-ce pas une inſulte à la maiſon du Roi, que le mépris d'une ſimmétrie & d'une régularité qui n'auroit rien couté de plus, & qui auroit empêché les cris de tous les Citoyens contre des fautes auſſi groſſieres qu'irréparables. (*)

(*) Il étoit de l'intérêt & du devoir de la Capitale d'employer ſes meilleurs Architectes pour embellir la façade d'un édifice qui fait le

Ne soyez donc point surpris de me voir difforme & irréguliere. Non seulement on n'a point fait de plan général pour l'alignement de mes rues, & pour terminer décemment leurs aspects, mais on

---

principal aspect du côté de la cour d'un Palais aussi magnifique & aussi digne d'attention que celui des Tuilleries, & d'y faire placer le portail en simmétrie & vis-à-vis du sien. Mais on n'a pensé ni à la régularité, ni aux embellissemens. Tout y est pésant, matériel, nulle forme agréable, des jours de soupiraux presque élevés jusqu'au premier étage, des croisées assommées par des clefs énormes & de mauvais goût; un entablement d'un poids énorme qui écrase tout l'édifice. Une porte massive & dont les parties sont défectueuses, quoiqu'elle soit copiée & composée de deux Portes de cette Ville. Ces défauts sont d'autant plus sensibles au Public qu'ils sont éternisés par l'excès de solidité dans sa construction. La Ville n'a pas été plus attentive à un Portail d'Eglise élevé depuis peu sur un des plus beaux Quais de Paris, & en face de la grande Gallerie du Louvre, emplacement le plus heureux & le plus remarquable, étant découvert de tous les côtés & exposé à la vûe de tous les Habitans. On a abandonné à des Moines rarement connois-

n'a même aucune attention à leur élargissement. Tous les propriétaires des maisons à rebâtir, ont des moyens surs pour échapper aux Réglemens & aux Ordonnances à ce sujet, soit par les

seurs, la liberté de décider du goût & de la forme de ce morceau d'Architecture. Il eût beaucoup servi à l'embellissement de la Ville & à la gloire de son Auteur, si ç'eût été l'ouvrage d'un homme de génie. Voilà donc des Edifices en pure perte pour Paris, leur défaut de beauté étant irréparable & leur dépense inutile. Depuis le tems que la barbarie a été bannie de France par l'étude & la connoissance des beaux Arts, & que nous possédons d'habiles Artistes, comment n'a-t-on pas encore senti l'importance de ne laisser ni à des Chapitres, ni à des Communautés, ni à des Moines la liberté de bâtir au gré de leur caprice leurs Edifices extérieurs, ni même à quelque particulier que ce soit, dès qu'ils sont dans des lieux apparens, ou qu'ils terminent les aspects des rues, & peuvent servir d'embellissement à la Ville ? Paris ne sortira jamais de son irrégularité choquante & du goût ignoble qui y domine, si le Gouvernement n'a soin de commettre des personnes intelligentes qui ayent l'inspection sur les Edifices publics, & assez d'autorité pour n'en laisser élever aucun à

complaisances de ceux qui sont préposés à leur exécution, soit par des accommodemens secrets, soit par la fraude de faire reprendre par-dessous œuvre les murs de fa-

---

la faveur, ni au crédit ; mais seulement sur des Desseins approuvés par l'Académie, & précédés d'un concours comme dans plusieurs Villes de l'Italie & de l'Europe, nullement comparables à Paris. On va sentir l'importance de ce réglement à l'égard de l'Hôpital des Quinze-vingts que l'on rebâtit actuellement. On avoit proposé un concours à ce sujet qui n'a point eu lieu. En conséquence le Sieur Destouches, Architecte très-entendu dans l'art essentiel & difficile des distributions, avoit fait un plan pour le bâtiment de cet Hôpital & de l'Eglise qui a reçû de tout Paris les plus grands applaudissemens. Tous les inconvéniens s'y trouvent prévûs & tous les avantages imaginables employés, dont voici les principaux.

Cet Hôpital étant un Edifice public & un monument respectable de la libéralité d'un de nos plus grands Rois, doit être non seulement beaucoup en évidence, mais servir encore d'ornement & de décoration à la Ville dans un quartier le plus passant de Paris. Il doit encore être isolé, s'il se peut, pour l'environner d'un plus grand volume d'air nécessaire à la santé de ceux qui l'habitent. L'Eglise ne doit

ce. Les malheurs qui arrivent tous les jours par le nombre de voitures qui ne peuvent circuler dans mes rues étroites, qu'aux dépens de la vie des gens de pied si fou-

point être séparée du logement des Hospitaliers, étant faite principalement pour eux & pour leur assistance à l'Office Divin. Pour cet effet le sieur Destouches l'a placée dans le fond d'une grande cour entourée de portiques, afin qu'ils puissent s'y rendre de leurs logemens bâtis sous ces portiques, le grand jour leur étant inutile, & ces portiques étant avantageux au Public pour arriver à l'abri dans l'Eglise. Une autre raison aussi essentielle de ne pas placer l'Eglise sur la rue S. Honoré, c'est celle de l'embarras inévitable des carrosses dans le lieu de Paris le plus étroit & le plus fréquenté, & qui sont en très grand nombre pendant les Sermons & les Offices. Enfin la derniere raison qui ne mérite pas une moindre considération, c'est qu'en élevant le Portail de l'Eglise sur la rue, il n'auroit pû être vû d'une distance convenable par les passans dans la rue S. Honoré, sans être obligé de le reculer beaucoup dans la rue Richelieu.

Une autre attention de cet Architecte bien importante à l'utilité & au revenu de cet Hôpital, c'est d'avoir ôté aux Privilégiés le voisinage bruyant & insupportable de ces Man-

vent écrasés, ne réveillent ni les soins, ni l'humanité de ceux à qui Louis XV. confie la sûreté de mes Habitans. Quel malheur pour une Capitale que l'absence

---

dians. Pour cet effet il a disposé leurs logemens dans le grand espace qui reste derriere l'Eglise, & qui n'a aucune communication avec eux. Les logemens des Privilégiés sont composés de plusieurs bâtimens peu exhaussés pour jouir d'une plus grande abondance d'air, & coupés par de petites rues alignées. Une grande rue qu'il ouvroit à l'extrémité de cet emplacement, & attenant l'Hôtel de Longueville, eût percé d'un côté dans la rue S. Thomas du Louvre & de l'autre dans la rue S. Nicaise, & eût servi d'entrée aux Privilégiés, sans être obligés de passer par la grande cour ouverte sur la rue S. Honoré par une large grille. Quel avantage pour Paris qu'un débouché dans la rue la plus passante & la plus incommode de toute la Ville, telle que celle de S. Thomas du Louvre! & en même tems quelle commodité pour les habitations de ces Privilégiés ; & combien elle en feroit hausser les loyers au profit de cet Hôpital ? Voilà l'habile Architecte, dont le génie est assez étendu pour penser à tout, & pour tout prévoir dans un plan de cette importance, où les fautes sont irréparables. Qui en satisfaisant aux be-

de son Roi ! Hélas, il ignore combien l'inéxécution de ses ordres est funeste à son peuple ! Avec quelle promptitude sa justice séviroit contre ceux qui sont chargés de leur salut ! Un seul de ses Sujets qu'on fait périr ainsi injustement & inutilement, (*) lui

---

soins, à la santé, aux commodités & aux intérêts de ceux pour qui il travaille, fait jouir en même tems le Public du secours d'une Eglise si nécessaire en ce quartier sans intercepter la circulation, & procurer à la Ville un beau point de vûe & une nouvelle décoration. Ce plan, après avoir obtenu tout d'une voix les suffrages des premiers Magistrats, des bons Citoyens & des plus habiles Connoisseurs, de la personne respectable qui tient de S. M. l'autorité d'en décider, & qui avoit été elle-même enchantée du projet du Sieur Destouches; ce plan, dis-je, a été laissé, pour lui préférer celui que l'on exécute présentement, & qui n'a nulle beauté, ni aucun des avantages que l'on vient d'exposer. Pourroit-on croire une pareille conduire dans ceux qui décident des Bâtimens publics & de cette importance, si la vérité n'en étoit sous nos yeux ?

(*) L'Empereur Antonin le Pieux qui succéda à Adrien, avoit pour ses Sujets la ten-

arracheroit des plaintes, & allumeroit sa colere; tandis qu'une multitude de ces malheureuses victimes de la négligence des préposés, ne sçauroit les émouvoir. Que cependant ceux dont le devoir est de veiller à l'élargissement de mes rues, & des lieux où se forment tous les jours les mêmes embarras, sçachent qu'ils sont comptables à l'Etat de tous ceux qui y périssent, autant que les personnes chargées d'établir une garde sûre pendant la nuit, le sont de tous les passans qui sont assassinés faute de ce secours. (*)

Les ridicules emplacemens des

---

dresse d'un Pere. Il répétoit souvent ces belles paroles de Scipion l'Africain. *Qu'il valoit mieux conserver un Citoyen, que de tuer mille ennemis.*

(*) Ceux que le Roi commet dans ces places, doivent avoir une vigilance continuelle & une activité infatigable. C'est aux particuliers, sans autorité, à gémir sur les déplora-

Salles de Spectacles, (*) & le défaut de débouchés pour les abords & la retraite des Equipages, causent encore tous les jours des accidens funestes, par l'interception pendant plusieurs heures de

---

bles victimes de ce défaut d'ordre. Ces sentimens oisifs conviennent à leur impuissance. Mais ceux qui sont chargés d'y veiller, doivent travailler nuit & jour à établir l'ordre le plus exact, à vaincre par leur fermeté inébranlable l'intérêt & le crédit des Grands qui pourroient y faire obstacle, à braver leurs menaces, & s'exposer courageusement à la disgrace, plutôt que de différer un jour d'y apporter les remédes les plus prompts & les plus furs.

(*) Il n'est pas aisé de concevoir que la Capitale du Royaume, n'ait aucune Salle de Spectacles digne d'elle. Toutes les siennes jusqu'à présent ont été construites sur le modéle ignoble des premieres, qui étoient des Jeux de Paulme. Un des plus grands Architectes de la France, & qui joint à la perfection de cette science une grande connoissance des Belles-Lettres & l'agrément dans la société d'une érudition ingénieuse & polie, M. de Boffrand a souvent gémi de l'indolence de la Nation à cet égard. Il a composé depuis quelques années une Salle d'Opéra convenable à une Ville de

la marche de toutes les voitures chargées de denrées, & de marchandises nécessaires aux habitans. Cependant des inconvéniens de cette importance, si contraires au bon ordre & au bien des sujets, n'ont pas encore fait ouvrir une seule rue pour y remédier depuis que ces Salles subsistent.

Paris par la magnificence de la décoration extérieure & intérieure. Tout y est grand sans une dépense excessive. Un vestibule spacieux & magnifiquement décoré conduit à deux escaliers opposés & très-larges pour arriver à l'Amphithéâtre & aux galleries des loges voûtées dans tous les étages pour parer les accidens du feu. L'art de la construction du Théâtre & de ses murs porteroit la voix aux lieux les plus éloignés comme aux plus proches. Enfin c'est un plan de Salle où les avantages les plus commodes & les plus recherchés pour les Spectateurs se trouvent unis à la magnificence, & où les inconvéniens importans & ceux de la plus petite conséquence sont tous prévûs. Cette Salle seroit placée dans la rue S. Nicaise depuis le magasin de l'Opéra jusqu'à l'extrêmité de cette rue, & dans celle de l'Echelle. Sa principale entrée seroit sur la place du Carrousel.

L'OMBRE.

C'est bien avec quelque sorte de justice que les autres nations accusent le François de légereté, de distraction sur ses intérêts les plus importans; & sur-tout d'une singuliere inconséquence. Quel paralelle plus bizarre que celui de la sagesse de ses Réglemens, & de la folie de leur mépris!

Avant de quitter les embellissemens de vos déhors, par où j'ai commencé mon récit, je vais

---

Elle en auroit encore quatre autres, & autant de sorties pour remédier aux embarras des équipages par des débouchés de tous les côtés. Le Roi pourroit venir de son Palais des Tuileries de plein pied dans cette Salle par une gallerie jettée sur trois arcades. La même Salle serviroit encore à une salle publique de Bal, mais bien différente de celle d'aujourd'hui, dont la moitié est d'une décoration qui n'a aucun rapport à l'autre. Celle-ci seroit uniforme par des loges mobiles dans la partie du Théâtre.

L'OMBRE.

vous parler de l'Arc-de-Triomphe élevé au-delà du fauxbourg S. Antoine, quoique l'on n'ait travaillé à ce superbe Monument qu'après celui du Louvre. Son modéle fût bâti de la même grandeur & dans le même lieu où doit être cet Edifice, au-delà de la grande rue du Fauxbourg, en un endroit appellé le Trône. Sa hauteur est de 120 pieds sur environ 160 de largeur; & je l'ai laissé hors de terre élevé de 8 à 9 pieds jusqu'aux corniches de piedestaux (*). La cons-

---

(*) Il faut voir dans la traduction de Vitruve une machine que Perrault inventa pour éterniser la construction de cet Edifice, en faisant frotter & user les pierres l'une sur l'autre sans aucune peine, quoiqu'elles eussent 12 pieds de longueur. Leurs frottemens arrosés d'un peu d'eau avant d'être placées à demeure, leur tenoient lieu de mortier sans en avoir les inconvéniens, & rendoient ces assises inséparables. On n'a jamais pû pénétrer le motif de M. le D. qui fit démolir en 1716. non-seulement ce qui étoit hors de terre de ce beau mo-

D.

truction de ses fondemens est faite avec un art admirable, & peut le disputer pour la solidité & l'éternelle durée, à tous ces restes inébranlables des Edifices Romains qui bravent encore la faux du Tems, depuis près de vingt siécles. En érigeant ce superbe Monument à Louis XIV., j'avois voulu consacrer à l'immortalité votre reconnoissance, & celle de vos Habitans envers le Roi pour le bon ordre, la propreté, & la sureté dont il les faisoit jouir, & pour les embellissemens dont il vous enrichissoit tous les jours. C'etoit aussi pour laisser à la posté-

---

nument de la hauteur de 8 à 9 pieds, mais qui fit briser, & arracher jusqu'à la derniere assise de ses fondemens admirables, qu'il fallut mettre en piéces, ne pouvant les séparer. Faut il que des ouvrages qui ont coûté tant de travaux & d'efforts de génie à imaginer aux plus sçavans hommes, périssent ainsi misérablement par le caprice d'une autorité aveugle?

rité les tableaux de ses conquêtes gravées sur le marbre dans plusieurs grands Médaillons & Bas-reliefs. Claude Perrault par la magnifique composition & la beauté étonnante de cet Arc-de-Triomphe, a fait disparoître ceux des Empereurs Constantin, Tite, Severe, Vespasien, qui subsistent encore aujourd'hui, & qui annoncent aux voyageurs, malgré tous leurs défauts, la splendeur de l'ancienne Rome. Un Roi tel que Louis XIV. si supérieur à ces Empereurs, méritoit un témoignage de la fidélité de ses Sujets, qui l'emportât infiniment sur tous ceux des Romains envers leurs Maîtres, par la magnificence du Monument, & par la supériorité de son goût.

LA VILLE.

La magnificence des Edifices

publics & des Monumens, est le sçeau ineffacable de la grandeur des Rois après leur regne. Mais il y a une preuve de la grandeur de leur génie & de la bonté de leur cœur bien plus flatteuse pour eux, parce qu'elle assure leur bonheur & celui de leurs Sujets. C'est leur juste discernement & leur extrême attention dans le choix de leurs Ministres. De quelle félicité n'auriez-vous pas comblé Louis XIV. & tous les François, si vos jours eussent égalé ceux de ce Grand Monarque?

L'OMBRE.

Ce n'est point par des louanges que je veux être interrompu dans le détail que je vous fais de mes travaux pour la gloire d'un Prince, dont la grandeur des idées ne laissoit de mérite à ses Ministres, que celui de l'ardeur & de la promptitude de l'exécution. Laiſſez m'en donc achever tranquillement le récit.

Mes projets n'étoient point limités aux Edifices que je faiſois élever pour éterniſer la mémoire de mon Roi, quoiqu'ils ſoient les preuves les plus certaines & les plus durables de la grandeur des Souverains. Je me devois également aux plaiſirs de ſes Sujets, en travaillant à leur procurer des agrémens dans le ſéjour de la Capitale. Il falloit pour cet effet un Jardin public qui répondît par ſa beauté à la vôtre ; & qui, ſans le ſecours des bronzes, des dorures, des caſcades que j'avois réſervés pour les Jardins de la demeure de mon Roi, ne laiſſât pas de ſe faire admirer moins par ſon étendue que par la ſçavante diſtribution de toutes ſes parties, & leurs excellentes proportions. L'estime de Louis XIV. pour les hommes de génie, alloit jusqu'à la passion. Elle étoit connue de tous ceux qui l'approchoient, & c'étoit lui faire sa cour, que d'appercevoir des talens naissans dans les hommes les plus médiocres en apparence, & de lui en faire part. L'on distingua dans le jeune le Nautre, fils d'un Jardinier du Roi, quelques dispositions dans ses amusemens, pour les décorations des Jardins. Elles furent cultivées de l'ordre de Sa Majesté par un habile maître de Dessin. La Nature, cette sublime maîtresse, s'étoit déja emparée de son génie, & n'attendoit que ce secours pour éclater & manifester ses dons, qui en ont fait le premier homme de l'Univers dans la science des Jardins. L'Etoile de Louis XIV. qui versoit sans cesse ses plus heureuses influences sur son régne, & sur les hommes qu'elle destinoit à l'illustrer, n'oublia rien pour distinguer celui-ci. Le Nautre sans maître, sans modéle parvint à la perfection de son art, par la seule force de son génie, qui fut toujours élevé & encouragé par les récompenses, & encore plus par les louanges de Louis XIV. rares & laconiques, mais justes & par-là extrêmement flatteuses. L'heureux instinct de ce Prince saisissoit toujours non-seulement le bon & le meilleur, mais encore l'excellent. C'est à cette justesse de discernement & à son antipathie invincible pour le petit, le colifichet, & même le médiocrement beau, que nous devons ces Ouvrages admirables dans tous les genres qui ont paru sous son régne. La malignité de l'envie & le crédit des envieux auroient écrasé, ou du moins écarté ces hommes précieux qui en ont été les Auteurs, sans la fermeté de ce Monarque à leur résister. (*)

Le Nautre avoit déja charmé le public par plusieurs Ouvrages si surprenans, qu'il étoit moins regardé comme un homme, que comme un créateur. Toutes ses productions étoient des chefs-

---

(*) Parmi une infinité d'exemples, je ne citerai que celui de Moliere, ce fléau charmant de nos ridicules, ce génie plaisant & toujours sensé, qualités si rares dans le même sujet, que depuis l'origine du Théâtre, on en compte à peine deux qui lui ressemblent. Sa Comédie du Bourgeois Gentilhommme étoit connue de quelques personnes de la Cour à qui elle avoit été lue. Les Courtisans & les Marquis qu'elle attaquoit, en firent le rapport au Roi, comme d'une Piéce ridicule, faite uniquement pour amuser le vil peuple. Louis XIV. qui connoissoit le génie de l'Auteur, dit qu'il vouloit la voir jouer incessamment. Pendant sa représentation faite à Chambord, tous les Courtisans levoient les épaules, & l'écoutoient avec pitié. Moliere après la piéce aborda en

d'œuvres.

d'œuvres qui ne pouvoient échapper à mes yeux toujours occupés à déméler & à récompenser tout François & tout Etranger en qui je soupçonnois des talens utiles à la gloire de ma Patrie & de mon Roi. Je m'entretins avec ce sçavant homme du besoin pour cette Capitale d'un Jardin public qui pût répondre à sa grandeur, à sa

---

tremblant Sa Majesté qui avoit gardé un grand silence pendant tout le tems de la Comédie. Le Roi lui dit assez froidement, qu'il vouloit la voir une seconde fois. Ses ennemis triomphoient, & ne doutoient point qu'elle n'eût déplu à Sa Majesté. On la rejoue, nouvelle frayeur de Moliere, quand il fut au Roi pour entendre son arrêt. *Moliere*, lui dit Louis XIV. *je suis tout-à-fait content de votre Comédie, voilà le vrai comique & la bonne & utile plaisanterie; continuez à travailler dans ce même genre, vous me ferez plaisir.* Moliere fut comblé de joye & les Courtisans de désespoir. Si Sa Majesté s'en fût rapporté à d'autres qu'à lui seul pour en juger, Moliere étoit découragé, rebuté, & nous perdions l'homme le plus rare & le plus parfait en son genre qui ait été jusqu'à nous.

dignité, & au nombre des Habitans. Je lui dis mes vûes sur l'emplacement des Tuileries, & lui levai tous les obstacles qu'il opposoit au choix de ce lieu pour l'éxécution de ses idées. Une rue séparoit l'ancien Jardin d'avec le Palais des Tuileries, & alloit de S. Roch à la Seine; je la fis fermer. Tout le côté du Quai, depuis ce Palais jusqu'à la porte de la Conférence, étoit bordé de maisons, entr'autres celle de Mad^{lle}. de Guise, elles furent abbatues pour construire à leur place une belle terrasse sur la riviere. Je fis encore joindre à l'ancien terrein celui du jardin du sieur Renard. Le Nautre alors maître d'un théâtre proportionné à la grandeur de ses idées, fit tracer & planter ce Jardin, qu'on peut appeller son triomphe, par l'art avec lequel il a sauvé les irrégularités du terrein, par la variété & les belles formes des Bosquets (*) & des Boulingrins, par la simplicité & la magnificence remarquable de ses Perrons; enfin par la position de toutes ses parties, peu nombreuses à la vérité, mais grandes; & qui forment un spectacle que l'œil revoit toujours avec le même enchantement.

―――――――――――――――

(*) Toutes les Charmilles qui formoient ces Bosquets, avoient péri en partie par le grand hiver, & par leur ancienneté, elles auroient pû être rétablies. Mais après que Louis XV. eut quitté les Tuileries pour Versailles, on les détrusit entierement, soit par l'épargne de leur entretien, soit par l'amour du bon ordre & pour empêcher les indécences que l'épaisseur de ces Charmilles occasionnoit. Ce changement a diminué considérablement la beauté & la variété du dessein de l'intérieur de ce Jardin. Il paroît beaucoup moins grand depuis que l'œil le peut pénétrer, & le parcourir tout entier au premier regard. L'on a perdu le plaisir de la surprise à l'aspect imprévu de chaque nouveau Bosquet, dont les formes toutes différentes étoient variées sans être bizarres.

C'est, en un mot, le plus simple, le plus sçavant & le plus beau Jardin de l'Univers.)*)

Ce projet fut à peine achevé que j'employai cet habile homme à l'embellissement des Maisons Royales. Il fit a Fontainebleau le Parterre du Tibre, le Canal, & la grande Piéce verte sur sa gauche, ornée de plusieurs jets peu élevés

---

(*) Quoique tous les Etrangers soient d'accord sur la rare beauté du jardin des Tuileries, ils conviennent en même tems qu'il y a un grand défaut. C'est celui de manquer d'abri & de retraite dans les surprises d'orage & de mauvais tems, en un lieu d'une aussi vaste étendue, & où se rassemble une multitude immense. Le Nautre avoit sans doute estimé les deux Galleries ouvertes en Portiques à côté de la principale entrée, suffisantes pour servir de refuge en ces occasions. On avoit privé le Public pendant plusieurs années de celle qui est à droit au rez-de-chaussée sur le jardin, mais on vient de la lui rendre. C'étoit un bien dont il avoit toujours joui, & qui lui appartenoit comme absolument nécessaire en plusieurs occasions.

en forme de gros bouillons qui semblent sortir de l'herbe de cette prairie. Nouveauté qui fut alors fort goûtée, & heureuse en ce qu'elle confondoit la nature simple & négligée avec un agrément qui paroissoit ne rien devoir à l'Art. Il fit construire à S. Germain cette longue & belle terrasse dont la vûe est si surprenante, & y traça quelques jardins. On voit à Meudon, dont il a replanté tout le Parc, des productions admirables de son génie dans les bas & dans les hauts, entr'autres dans la piéce appellée les Cloîtres. C'est encore à sa science que l'incomparable Chantilly doit ses beautés si ravissantes & si singuliéres, que l'on n'en trouve l'idée nulle part. (*) Dès que l'on est

---

(*) Un des grands coups de l'art de le Nautre dans le lieu enchanté, c'est de n'en

arrivé dans ce beau lieu, l'on se croit transporté dans un climat enchanté. Ce charme naît de ce que, sans le secours d'aucune vûe que sur lui-même, ce lieu présente les aspects les plus rians & les plus aimables. Par-tout ils semblent être l'ouvrage seul de la plus belle nature, par la science avec laquelle l'art y est caché, & par l'avantage du terrein. Bien différent en cela de celui de Versailles, où l'art se montre partout, & la nature nulle part. Le présent

---

avoir point mis dans la vaste prairie qu'arrose la riviere ; & qui est presque toujours couverte d'animaux paissans. On est ravi de trouver la nature simple, & sans aucun ornement au milieu de tant de chefs-d'œuvres de l'esprit humain. Un Jardinier moins habile eût planté cette prairie, & y eût fait des Bosquets ou des Boulingrins ingénieux, il eût tout gâté. C'est à cette plaine sans art qu'est dû l'effet de celui des deux collines dont elle fait le fond & le repos. C'est ce grand emplacement découvert qui semble donner la vie aux beautés de Chantilly, & la gayeté à ceux qui en jouissent.

qu'elle a fait à Chantilly de l'eau vive d'une riviere qui partage ce Parc, & qui forme dans sa naissance une Cascade prodigieuse, est une faveur singuliere & sans prix, par l'agrément des eaux jaillissantes nuit & jour qu'elle fournit à ces jardins délicieux. Heureux les le Nautre qui trouvent des lieux aussi favorisés de la nature pour y exercer leurs talens ! Plus heureux les Princes qui possédent ces hommes rares, qui en connoissent le prix, & sçavent aggrandir, & enflammer leur génie par leur familiarité & leurs récompenses !

Louis XIV. ayant enfin choisi Versailles pour son séjour ordinaire, je destinai les Sieurs Mansard & le Nautre, à en faire une habitation digne de nos Rois. Dès que ce dernier eut tracé ses idées sur ce terrein ingrat, il engagea

Louis XIV. à venir sur les lieux pour juger de la distribution de ses principales parties & de leurs ornemens. Il commença par les deux piéces d'eau qui sont sur la terrasse au pied du Château & leurs magnifiques décorations. Delà il lui expliqua son idée pour la double rampe en forme de fer à cheval qui est en face du milieu du Bâtiment, ornée d'ifs & de statues, & lui détailla toutes les piéces qui devoient enrichir l'espace qu'elle renferme. Il l'amena ensuite par l'allée du tapis verd à cette grande place où se voit la tête du canal dont il lui exposa la longueur terminée par une croisée, aux deux extrémités de laquelle il plaça Trianon & la Ménagerie. Louis XIV. à chaque grande Piéce dont le Nautre lui marquoit la position, & décrivoit les beautés qui lui étoient destinées, l'interrompoit en lui disant, *le Nautre, je vous donne vingt mille francs.* Cette magnifique approbation fut si souvent répétée, qu'elle fâcha cet homme dont la grande ame étoit aussi noble & aussi désintéressée que celle de son Maître étoit généreuse. Il s'arrêta à la quatriéme interruption, & lui dit brusquement : *Sire, Votre Majesté n'en sçaura pas davantage, je la ruinerois.*

LA VILLE.

O Roi véritablement Roi ! magnifique & judicieux rémunérateur des talens, parce qu'il sçavoit les apprécier, qu'il les sentoit, & qu'il les aimoit. Il étoit persuadé que toute la puissance des Souverains de l'Univers ne sçauroit créer un homme de génie, il étoit pénétré du bonheur

d'en posséder un dans le Nautre.
L'OMBRE.

Mansard & lui travaillerent avec la plus grande ardeur aux embellissemens de Versailles. Le premier mit en œuvre tout ce qu'il avoit de science pour décorer son immense façade du côté des Jardins par toutes les richesses de l'Architecture & de la Sculpture. Mais elles ne purent sauver les défauts choquans & l'irrégularité monstrueuse de son plan par l'obstination du Roi à vouloir conserver l'ancien Château du côté de la cour de marbre, fondé, dit-on, sur le souvenir des plaisirs qu'il y avoit eus dans sa jeunesse, mais plus encore sur un respect trop religieux pour une maison élevée par le Roi son pere.

Le plan du Bâtiment de l'Orangerie & de ses Escaliers est

d'un deſſin ſi magnifique, que l'imagination ne peut rien concevoir de plus grand en ce genre.

LA VILLE.

J'ai oui dire que lorſque le Czar-Pierre I. vint à Verſailles en l'année 1717. il en fut ſi frappé, qu'il reſta quelque tems immobile d'admiration ; il prit enſuite ſon crayon & ſon porte-feuille, & en leva le plan pour l'emporter en Ruſſie.

L'OMBRE.

Quoique l'invention du deſſin de cet édifice ait toujours été donnée à Manſard, il eſt certain cependant qu'elle eſt de le Nautre ; & voici ce qui ſe paſſa à ce ſujet. Louis XIV. n'étant pas ſatisfait des idées de ſes Architectes pour ce bâtiment, dit pluſieurs fois à le Nautre d'y travailler. Il s'en excusa toujours sur ce que ses talens étoient bornés à la composition des Jardins. Mais le Roi le pressant de nouveau d'y penser, une nuit cette idée l'éveilla, & il se leva pour la tracer. Le matin il la présenta à Sa Majesté; elle en fut si satisfaite, qu'elle fit venir Mansard, & lui ordonna de la perfectionner, & d'y faire travailler incessamment. Un médiocre Architecte eût été offensé de cette préférence, & eût dégoûté adroitement le Roi de cette idée; mais l'habile homme saisit le beau & le vrai de quelque part qu'ils lui viennent. Il ignore ces basses jalousies, si cheres aux hommes médiocres & aux petits sçavans. Mansard cherchoit l'excellent, & le sentoit, quoiqu'il ne fût pas toujours capable de l'imaginer. Il aimoit la grandeur & la gloire de son Maître plus que la sienne propre ; & l'on ne doit point s'étonner qu'avec un pareil sentiment, il lui en ait fait un sacrifice en cette occasion. Louis XIV. fut extrêmement satisfait du plan qu'il lui présenta quelques tems après de ses Ecuries qui forment un aspect pour la chambre du Roi, avec les trois grandes avenues du Château, aussi beau & aussi magnifique qu'il pouvoit être imaginé dans un lieu si peu avantageux.

Il falloit encore de riches objets pour embellir les vûes de cette grande Gallerie, & répondre à sa magnificence qui fait l'admiration des Ambassadeurs de toutes les Cours de l'Europe & de toutes les Nations. Le Nautre conçut à cet effet la magnifique décoration, dont j'ai parlé, des deux piéces d'eau de la terrasse au-dessous du Château, & celle des deux rampes ornées de statues, enfin l'ouverture & la vûe du canal dont les deux extrémités sont si heureusement bornées par les bâtimens ingénieux de Trianon & de la Ménagerie. Trianon! Palais charmant! dont le plaisir fut le seul Architecte & les Amours les Jardiniers! Tes beautés humbles & par-là plus touchantes, cédent la hauteur & la magnificence à la sérieuse majesté du grand Château. Elle lui laissent sans jalousie le triste avantage de l'admiration & de l'ennui, pour jouir du plaisir modeste & bien plus flatteur de sçavoir toujours plaire. (*)

―――――――――――――――

(*) Ce fut dans le tems des amours de Louis XIV. & pour leur servir de séjour, que ce galant édifice fut construit. Il eut été difficile d'imaginer dans un lieu si peu avantageux par l'emplacement, rien qui répondit mieux à sa destination. Le tems en ayant emporté beaucoup d'agrémens, c'est aux Connoisseurs à

Ce n'étoit point assez d'avoir fait sortir, pour ainsi dire, de dessous terre, & avec un pouvoir magique par la rapidité de l'exécution, ces grands Bâtimens & ces Jardins superbes; il manquoit à celui-ci l'ame & la vie que la seule abondance des eaux & la variété infinie de leurs formes, pouvoient leur donner. Les plus beaux Jardins seroient muets & inanimés sans le bruit enchanteur de cet élément, & le brillant spectacle de son cristal. Mais la situation élevée de Versailles, & l'éloignement des rivieres s'opposoient à cette abondance, & sembloient la rendre impossible, si quelque chose peut l'être à un Ministre uniquement dévoué à son Roi, & dont tout le génie &

---

juger par ce qui en reste, de son enchantement dans sa nouveauté.

toutes les pensées n'avoient pour objet que de satisfaire & même de prévenir ses désirs. Ce que j'imaginai à ce sujet, est une de ces entreprises comparables aux plus hardies de cette Nation qui soumettoit à ses loix, les loix mêmes de la Nature. (*)

Je ne parle point du nombre, de la variété & de l'invention in-

---

(*) Ce fut d'amener les eaux de la Riviere d'Eure, prises à 10 lieues au-delà de Chartres, c'est-à-dire, de près de 25 lieues, jusqu'au réservoir de Versailles, par des Aqueducs de plus de 30 mille toises, portés par des Arcades de 40 pieds d'ouverture & de 76 pieds de hauteur sous-chefs. Il fallut pour leur nivellement & leurs pentes, leur faire traverser plusieurs Vallons, & les conduire en l'air par des Aqueducs soutenus de 3 rangs d'Arcades l'une sur l'autre, comme celles du fameux Pont-du-Gard en Languedoc. Elles avoient en plusieurs endroits jusqu'à 220 pieds d'élévation depuis leur fond jusqu'à leur sommet. Ces Aquéducs apportoient ces eaux dans un réservoir immense formé de 5 grands bassins, & contenant 896 mille muids.

génieuse

génieuse des Bosquets dans ces Jardins, où la magnificence des marbres, la richesse de la dorure, la perfection de la sculpture dans les vases, les bas-reliefs & les statues, offrent par tout de nouveaux étonnemens. Je passe sous silence cet assemblage immense de beautés animées par un déluge d'eau, dont les effets bruyans & multipliés en mille formes surprenantes, font un spectacle si merveilleux que l'admiration en est étourdie & muette. C'est à le Nautre, c'est à la fertilité de ce beau génie, que Versailles doit toutes les idées ingénieuses & magnifiques des embellissemens de ses Jardins.

LA VILLE.

L'on ne sçauroit trop louer l'art de cet homme divin qui a créé tant de merveilles dans un lieu aussi disgracié de la belle Nature, sans aucun mélange d'agrémens même rustiques. Cependant malgré les efforts de sa science, malgré les dépenses excessives de ce grand Monarque, il n'a pû parvenir à rendre ce lieu agréable à tous égards; & il y a éprouvé, *Que tous les efforts de l'Art ne peuvent remplacer les beautés de la Nature; Qu'il doit l'aider & l'embellir, mais qu'il ne sçauroit jamais la suppléer.*

L'OMBRE.

Ces heureux succès me comblerent de satisfaction, en ce qu'ils remplissoient au-delà de mes espérances les désirs du Roi, & qu'ils avançoient la jouissance de ses plaisirs. Mais d'un autre côté ces prospérités, en m'attirant tous les jours de nouvelles bontés de Sa Majesté, me faisoient de nouveaux ennemis. Le peuple, dont les vûes sont toujours limitées & les jugemens faux, blâmoit hautement les sommes innombrables employées aux embellissemens de ce superbe Château. Aveugle sur les ressources de ce Royaume, qui seront sans bornes si l'administrateur de ses Finances sçait les régir, & s'il a une attention continuelle à favoriser le Commerce, & à soutenir les établissemens & les Manufactures. (*) Il ignoroit alors combien les merveilles de Versailles devoient faire entrer

---

(*) Si les Ministres ne sont assez vigilans & extrêmement attentifs à soutenir les établissemens commencés sous leurs prédécesseurs, on les voit bien-tôt dégénérer, languir, dépérir, & enfin s'anéantir totalement. Quelle plaie pour l'Etat ! soit par les sommes immenses que coûtent ces établissemens, & qui sont perdues pour lui, soit pour les nouvelles qu'il faut employer pour les rétablir, soit enfin par la privation des richesses considérables qu'ils auroient rapportés !

d'argent dans la France, par la multitude de curieux qu'elle y a attirés depuis de toutes les parties du monde. C'est une maxime de politique des plus importantes à l'Etat & à un habile Ministre, *d'appeller l'Etranger, soit par la magnificence des Edifices, des Palais & des Salles de Spectacles, soit par la beauté de ses Manufactures, soit encore par l'éclat des divertissemens & la splendeur des Fêtes.* Je l'éprouvai à l'occasion d'un Carrousel, que le Roi voulut donner après la paix de Nimegue, aux Seigneurs & aux Dames de sa Cour, aux Princes étrangers, aux Ambassadeurs & à son peuple; dans un tems où les Finances, que j'avois trouvées dans un affreux désordre, étoient encore épuisées par une longue guerre. Quoique la dépense à laquelle le Roi s'étoit réduit, fût fort médiocre, je lui en expofai les conféquences & l'impoſſibilité par la difette des fonds de fon tréfor. Je priai donc Sa Majefté de me donner quelques jours pour examiner fa demande, & lui rendre une réponfe certaine. Ce tems expiré, je pris la liberté de lui dire avec une noble hardieffe, qu'il ne convenoit qu'à un Roi de Maroc de donner une Fête de fept à huit cent mille livres, qui ne pouvoit laiffer aux Etrangers aucune idée de fa puiffance & de fa grandeur. Qu'un Roi de France qui jouiffoit d'une réputation telle que la fienne, ne devoit fe déterminer à donner un Spectacle d'un auffi grand appareil fans y employer deux ou trois millions. Louis XIV. magnifique en tout, fe rendit fur le champ à mon avis, & jugea à propos de renvoyer cette Fête à des tems plus heureux &

plus opulens. Non, Sire, lui dis-je, vous pouvez la faire annoncer, & donner vos ordres pour les préparatifs de la Fête la plus magnifique; je me charge du payement, sans qu'il en coûte rien à Votre Majesté. J'exposai au Roi fort impatient le dessein que j'avois depuis quelque tems de changer les Fermes des Aydes & Gabelles en régie, & je lui dis que j'allois l'exécuter s'il me le permettoit. Mon idée approuvée, le Carrousel fut annoncé sur l'heure dans tous les Pays étrangers par les nouvelles publiques. La Capitale se remplit de nouveaux habitans que vous eûtes peine à loger. J'en fis retarder plus d'une fois l'exécution, pour des raisons d'importance en apparence, & de politique en effet. La Fête fut si extraordinairement superbe & ingénieuse, par le goût & l'habileté de ceux qui furent choisis pour en avoir la conduite; l'ordre, la dignité & la décence y furent si parfaitement observés, que jamais Roi ne s'est montré avec tant d'éclat & de grandeur que Louis XIV. y parut. Le bruit de cette Fête alla jusques sous les Pôles. Tous les Ambassadeurs en furent enchantés & jaloux. Les Etrangers crurent à peine les merveilles qu'ils avoient vûes, & s'en retournerent ennivrés d'admiration & de respect pour le Roi, & comblés d'un spectacle dont ils avoient faits tous les frais. Leur séjour valut plus de cinq millions à la nouvelle régie qui rentrerent fidellement dans les coffres de Sa Majesté (*).

(*) M. de Voltaire a nié ce trait dans ses Embellissemens de Paris, & dit que les Fermes n'étoient point alors régies pour le compte du Roi, mais le fait n'en est pas moins vrai, & on

LA VILLE.

L'on vous pardonneroit quelques sentimens de vanité à l'occasion de ce trait d'un Politique si habile. Il me donna trop d'admiration & d'avantages dans le tems pour l'avoir oublié. Que de ressources pour un vrai Ministre, dans un amour sans bornes pour la gloire de son Maître !

L'OMBRE.

Ajoutez y encore l'amour pour sa Patrie. Point d'excellent Ministre s'il n'est parfait Citoyen, & c'est le titre qui m'a toujours le plus flatté. A l'égard de la vanité, cette opération ne demandoit pas un assez grand effort de génie pour en concevoir.

---

ne l'a avancé que sur des preuves incontestables de sa certitude.

Il m'eût été bien plus difficile de me défendre d'amour propre en pensant à la confiance entiere d'un si grand Monarque pour un sujet qui n'avoit de mérite que son zéle excessif pour son Roi, & quelques foibles lumieres. Quel prodige de bonté! de vouloir remplir l'intervalle immense entre lui & moi par sa familiarité, & sa docilité à se rendre à mes avis, non sans les avoir examiné avec une forte attention, & un discernement dont la postérité ne sçaura jamais la justesse ni l'étendue.

Je l'avois convaincu de la nécessité dans un Souverain du soin de sa réputation. Je n'oubliois pas de lui rappeller souvent une des maximes du Cardinal de Richelieu, ce puissant génie, ce Ministre le maître de tous les Ministres à venir, & le mien à tous égards. *Que la principale force d'un Etat est cachée dans la réputation du Souverain.* Il ne faut pas cependant s'imaginer qu'il soit nécessaire aux Rois pour acquérir cette réputation, & encore moins pour faire le bonheur de leurs sujets, d'enfanter des miracles, ni d'avoir une étendue de génie sans bornes & des connoissances universelles, qui ne leur laissent rien ignorer dans les sciences & les beaux Arts. Ces présens si rares de la nature donneroient à peu de Princes le droit de régner, si l'honneur du Thrône & le bonheur de la Nation en dépendoient. Les François n'eussent jamais été heureux sous la domination de Louis XIV., si à ses lumieres, il n'eût joint la pratique exacte de quelques maximes aisées, & dont tous les Rois sont capables, qui lui ont servi de régle, & qu'il a toujours observéés tant qu'il a régné par lui-même. C'est d'abord une exactitude inviolable à voir par ses yeux les Placets & les Requêtes qu'on lui présente, pour rendre justice à tous ses sujets sans nul égard ni aux sollicitations, ni à la condition des Supplians. Pour cet effet, il laissera toujours aux malheureux & aux plus petits, un accès libre & ouvert jusqu'à sa personne pour écouter leurs plaintes. Une grande attention à s'informer si la justice est rendue dans tous les Tribunaux, & surtout dans ceux éloignés de la Capitale. Qu'il s'impose une loi inflexible de n'accorder aucune place un peu importante, ni aux prieres, ni à son penchant, ni à la naissance; mais au seul mérite, à la capacité & à la probité, s'il ne veut décourager ses meilleurs sujets, se couper les seuls bras capables de servir l'Etat dans les besoins pressans, & en renverser toute la force & l'œconomie.

Point de faute grave sans punition, point de belles actions, ni de service distingué sans récompense. Lent & très-difficile dans le choix de ses Ministres qu'il fera parmi les génies du premier ordre, & d'une expérience consommée, ou d'une intelligence extraordinaire dans la partie du Ministère auquel il les destine. Même difficulté & même exactitude de discussion pour ceux qu'il envoye dans les Cours étrangéres, dont l'importance est telle qu'elles jugent des qualités & du génie du Souverain par ceux qui le représentent. Une vigilance continuelle sur le bon état de sa Marine & son excellente administration. La même sévérité d'attention sur celle de ses Finances & du Commerce, les deux pivots de l'Etat, &

dont il ne doit confier la conduite qu'aux plus fortes têtes sans nul égard à la naissance, mais à la seule capacité. Que de biens & d'avantages j'ai procurés à la France par ce seul moyen ! Enfin des ordres & des récompenses pour faciliter & multiplier les mariages dans les Provinces, & surtout dans les campagnes, le grand nombre des Sujets étant la richesse réelle & la plus grande force des Rois.

La pratique sévére de ce peu de Maximes suffit au Souverain pour la puissance & la sureté de ses Etats, & pour son bonheur & celui de ses peuples. C'étoit sur ces matieres que Louis XIV. aimoit à m'interroger & à s'entretenir. Je lui avois répété si souvent ces principes du Gouvernement que je l'avois mis dans la nécessité de s'en instruire, pour ne point être l'esclave de ses Ministres, ni la victime de leur ambition & de leur incapacité. Les entretiens sur ses Bâtimens servoient ensuite de délassement à ces conversations sérieuses. Il n'étoit pas besoin de le réveiller sur la nécessité pour sa réputation, d'appeller chez lui les Etrangers par la magnificence & le goût supérieur des Edifices publics & des Palais; son penchant l'y portoit naturellement. Il avoit la bonté de m'accorder à cet égard toute sa confiance, & de l'abandonner à l'étendue de mon zéle.

Ce fut ce qui m'empêcha de suspendre un seul jour vos embellissemens & ceux de Versailles, pendant les plus fortes dépenses de la guerre avec toute l'Europe. Vous étiez toujours l'objet de mes plus cheres attentions. Mais votre beauté m'occupoit encore moins que la santé & la commodité des Citoyens. Je fis construire le Quai-Pelletier, dont toute la partie du côté de la riviere portée en l'air & sans soutien, est un monument de la science de Bullet dans la coupe des pierres. Les Architectes, ses confréres, envieux de la gloire du succès dans une si hardie entreprise, n'oublierent rien pour la décrier, & couvrirent leur jalousie du prétexte spécieux de la sureté publique. Je me fis instruire de la vérité, & par ma fermeté je sçus mettre à profit les talens de cet habile Architecte. Par-là j'élargis considérablement ce Quai sans abbatre aucune maison, ni rétrécir le lit de la riviere. Le public reconnoissant des soins particuliers que M. Pelletier Prévôt des Marchands avoit pris de cet utile réparation qui lui est dûe, donna son nom à ce Quai, malgré les oppositions de ce modeste & zélé Magistrat.

J'avois arrêté que toutes les maisons bâties sur les Ponts par un abus inconcevable, ou par l'ignorance & la négligence des anciens Magistrats, seroient abbatues sans exception. Elles nuisoient considérablement à la santé des Citoyens, en s'opposant au renouvellement de l'air qui suit le cours des rivieres, & qui est si nécessaire pour emporter les exhalaisons pestilentielles qui s'élevent continuellement des immondices d'un si grand nombre d'habitans. Et d'ailleurs, quel agrément ne doit pas naître d'une vûe étendue, & qui ne sera plus bornée par l'aspect hideux & choquant de l'extérieur indécent de ces bâtimens du côté de la riviere, où ceux qui les occupent, sont toujours en danger d'être engloutis dans les eaux, ce qui est déja arrivé?

C'est par cette même vigilance sur la santé précieuse des Citoyens, & qui doit être le premier objet d'un Ministre, que j'avois fait raser toutes les maisons du côté de la campagne le long des Remparts, (*) avec défense d'y élever le moindre bâtiment,

―――――

(*) Ce Réglement est si peu observé aujourd'hui, que l'on a bâti presque entierement tout le côté du Rempart qui regarde la campagne, & que l'on y bâtit encore tous les jours. Ainsi en moins de dix années, le Rempart sera une rue qui ne différera des autres de cette Ville, qu'en ce qu'elle ne sera pas pavée. L'empêchement d'un tel désordre si essentiel à la santé des habitans & à leur agrément, est d'une grande importance, & mériteroit une toute autre attention que celle de faire arroser une promenade bien-tôt abandonnée, lorsque l'on n'y aura ni vûe ni respiration. Quelque certains, quelqu'évidens, quelqu'irréparables que soient les maux qui naîtront de cet abus, on ne laisse pas de le tolérer, & même de

pour vous laiſſer arriver toute la pureté & la ſalubrité de l'air des champs, & rendre par leur aſpect cette promenade délicieuſe. Je ne doute point qu'un projet d'une auſſi grande utilité, auſſi bien que celui qui regarde la deſtruction des maiſons ſur les Ponts, n'ait été exécuté à la rigueur.

LA VILLE.

Ah! Miniſtre trop rare à tous égards! combien le récit de tout ce que vous avez fait & projetté pour mon bien & celui de mes habitans, m'arrache de ſoupirs! Le détail dont vous venez de m'entretenir, excite ma plus forte reconnoiſſance en augmentant ma douleur. Que j'aurois de choſes à vous dire, ſi je ne craignois

---

l'autoriſer. Eſt-il encore des Citoyens parmi nous?

que votre tendreſſe pour moi, ne vous y rendît trop ſenſible ! Achevez, je vous en conjure, achevez de m'inſtruire de tous vos projets, ſi cependant votre amour pour le Roi, votre zéle pour le bien de l'Etat, & votre tendreſſe pour les Citoyens, ne ſont pas encore ſatisfaits.

L'OMBRE.

Aurois-je rempli mes devoirs, ſi je n'avois travaillé qu'à l'ornement de la Capitale & à l'agrément de ſes habitans ? Après l'important objet de leur ſanté, je devois encore à mes Compatriotes des biens également ſolides & honorables. Je voulois par des bienfaits perſonnels & d'un ordre ſupérieur, les forcer un jour de benir ma mémoire. Profondément inſtruit de leur génie & de leur capacité pour les ſciences les plus abstraites & de la supériorité dans les Arts, dès qu'ils sont échauffés par l'honneur, ou par les récompenses, je pensai à leur apprendre ce qu'ils étoient, & à connoître l'industrie qu'ils possédoient sans le sçavoir. Je conçus le projet d'établir des Académies de Peinture & d'Architecture, non-seulement pour ne rien devoir à l'Italie, ni à l'Etranger dans les desseins de nos Edifices, & les enrichissemens intérieurs de nos Hôtels & de nos Palais; mais encore pour forcer les autres Nations de venir elles-mêmes admirer nos Peintres & nos Architectes, & de les appeller chez elles dans leurs besoins.

Sa Majesté instruite de mes projets pour l'avantage & la gloire de la France, se hâta d'éta-tablir chez vous & dans la Capitale de l'Italie une Compagnie de François choisis sous le titre d'Académie pour s'enrichir des trésors de cette Nation, & disputer à ses habitans la primauté dans les beaux Arts dont ils étoient possesseurs depuis si long-tems, & que nous leur avons enlevés par ce moyen. Quelle foule de François excellens en Peinture, Architecture & Sculpture, j'ai laissé dans l'enceinte de vos murs, qui l'emportoient déja sur la superbe Italie ! Avec quelle rage de jalousie & de désespoir elle vit une Nation étrangere dans les Arts, & presque barbare il y avoit 50 ans, capable d'avoir imaginé la magnifique composition des Batailles d'Alexandre par l'illustre le Brun, qu'elle fut forcée d'admirer dans les belles Estampes qu'on lui en envoya ! Combien d'Ouvrages merveilleux de nos autres grands Peintres & fameux Sculpteurs

François enchantent encore aujourd'hui les yeux sçavans de cette Nation & des Etrangers, & font le plus bel ornement de leurs Eglises & de leurs Palais! Ceux entr'autres du Poussin, de l'incomparable Puget, de l'Algarde, de le Gros, Flamand, &c.

LA VILLE.

O siécle mémorable de Louis XIV.! que votre image, quelque éloignée qu'elle paroisse aujourd'hui, me flatte encore! Il vous devra, divin Colbert, l'admiration & l'étonnement de tous les siécles.

L'OMBRE.

Quelque utiles que soient les beaux Arts, (*) ils ont besoin

(*) On met ordinairement au nombre des beaux Arts, l'Architecture, la Peinture, la

pour les éclairer, & pour la sureté de leur marche, du secours des Sciences qui ont plus d'étendue, plus d'élevation, & embraffent un plus grand nombre d'objets. Elles exigent auffi une plus grande étendue de connoiffances & de génie.

Telle eft la fcience des Mathématiques, de la Géométrie, de la Mécanique, &c. pour la Géographie, l'Aftronomie, la Navigation, le Commerce, les befoins de la société, &c. celles de la Chimie, de la Botanique, &c.

Sculpture, la Gravure, & la Mufique. Ce dernier eft le moins utile & le plus dangereux, en ce qu'il amollit l'ame, & l'entretient dans une oifiveté qui rend celui qui s'y livre, inutile à l'Etat, & inhabile aux fciences élevées. Je dis, pour l'ordinaire, & ne parle que de ceux qui en font leur unique occupation. La Mufique en foi étant louable, & même utile quand elle fert d'amufement & de délaffement après un long travail d'efprit ou d'application.

pour la Médecine, & une infinité d'autres. Je penſai donc pour la promptitude de l'exécution de mes projets, qu'il étoit de la grandeur du Roi de faire franchir à ſes bienfaits les limites de ſes Etats, pour aller enrichir les Sçavans dans les climats les plus reculés. Les bontés de ce grand Prince & ſa magnificence, me laiſſerent la liberté de leur ouvrir ſes tréſors à mon choix.

M. Caſſini le plus Sçavant Aſtronome, non-ſeulement de l'Italie, mais de tout l'univers, fut prévenu à Boulogne par les dons de Louis XIV. Je le mis en correſpondance avec notre Académie; mais ce n'étoit point aſſez, l'Aſtronomie Françoiſe avoit beſoin de la préſence de ce grand homme. J'entrepris de l'arracher à ſa Patrie, & de le fixer à Paris. Je le fis preſſer vivement d'y venir

venir par nos Ministres résidens en Italie. L'envie qu'il avoit de rendre ses hommages de reconnoissance & d'admiration à Louis XIV., allarmerent Clément IX., le Duc de Modéne, & le Sénat de Boulogne dont il occupoit la chaire d'Astronomie. Leurs vigoureuses résistances, loin de me décourager, enflammerent ma résolution. Enfin je l'emportai sur ces Puissances, & il obtint la permission d'un prochain retour. C'étoit son dessein; mais les bontés de Louis qui se connoissoit en hommes, & qui le reçut en Roi & en ami; les bienfaits dont il l'accabla pour le dédommager du revenu des emplois dont il jouissoit, & que le Pape, & la Ville de Boulogne lui firent payer exactement malgré son absence, espérant par cette générosité le rappeller plutôt en Italie; les diftinctions dont Sa Majesté l'honora; enfin le mariage qu'elle lui fit contracter pour le rendre François pour toujours; (ce furent les propres termes que S. M. lui adressa) le forcerent de rompre les attachemens de la Patrie, du sang, & de l'amitié pour se donner entierement à la France, alors la véritable patrie des Sçavans dans tous les genres.

Les plus célébres des autres parties de l'Europe, sur-tout du Nord, éprouverent la même générosité du Roi. (*) Ceux dont

---

(*) Isaac Vossius & plusieurs autres. Voici la Lettre que le Roi fit écrire à celui-ci par Colbert.

Quoique le Roi ne soit pas votre Souverain, il veut être votre Bienfaiteur, & m'a commandé de vous envoyer cette gratification par la lettre ci-jointe, comme une marque de son estime & un gage de sa protection. L'on sçait que vous suivez dignement l'exemple de M. Vossius votre pere, & qu'ayant reçu de lui un nom qu'il a rendu illustre par ses Ecrits, vous en augmentez la gloire par les vôtres. Sa Ma-

les engagemens se trouverent inviolables, tinrent à grand honneur d'être associés à l'Académie des Sciences de Paris, d'établir avec elle une correspondance réglée en lui envoyant leurs Ouvrages.

jesté se porte avec plaisir à gratifier votre mérite, & j'ai d'autant plus de joye qu'elle m'ait ordonné de vous le faire sçavoir, que je puis me servir de cette occasion pour vous assurer que je suis : Monsieur, votre très-humble & très-affectionné serviteur. COLBERT. A Paris, ce 21 Juin 1663.

En voici encore une de Colbert à Jean Hévélius Bourgmestre de Dantzick, homme très-sçavant, & à qui l'Astronomie est redevable d'une infinité de découvertes très-importantes. Il s'appliqua à cette science pendant 50 années sans interruption.

La perte que vous avez faire par l'incendie de vôtre maison, a donné de la douleur à tout ce qu'il y a de gens de Lettres dans le monde chrétien, & à tous ceux qui les protégent. Le Roi mon maître a bien voulu prendre quelque part à cette perte commune qu'a fait la Littérature, & à la vôtre particuliere. Sa Majesté veut pour l'adoucir, & vous donner le moyen de continuer vos sçavantes occupations, vous fait un présent de 2000 écus, que le sieur Fermont de Dantzick a ordre de vous faire

Mais les travaux de nos meilleurs Astronomes ne pouvoient être portés à leur perfection sans le secours d'un édifice construit pour les observations Astronomiques. Pour cet effet je fis élever sous la conduite de M. Cassini une Observatoire au Fauxbourg S. Jacques, où il eut la gloire d'achever cette fameuse Méridienne, le plus bel ouvrage d'Astronomie qui existe, avec celle de Ste. Petrone à Boulogne. La construction de cet Observatoire est un chef-d'œuvre dans l'art de bâtir, dû aux soins & à l'habileté du célébre Perrault qui en fut l'Architecte.

Ce fut dans ces tems heureux

---

payer. Vous connoîtrez par-là que le Roi mon maître n'est pas moins grand dans les tems de paix, qu'il l'est à la tête de ses armées, lorsque ses ennemis l'obligent de s'y porter. Signé, COLBERT. *A S. Germain 18 Décembre 1672.*

que je vis accourir en France de toutes parts les Arts libres, les sciences, & les Sçavans assurés d'y trouver azile, patrie, honneurs & récompenses. Louis le Grand faisoit des conquêtes littéraires dans les pays les plus reculés, bien plus flatteuses que celles qu'il devoit à l'effusion du sang & à la force des armes. Une générosité si magnifiquement singuliere, & jusques-là inouie accabla ses envieux, & força les Souverains de l'Europe, non-seulement à l'admiration, mais encore au respect.

LE LOUVRE.

Quelle joye pour vous, ô mon pere! de voir le nom de votre Roi porté par votre zéle au plus haut degré d'honneur & de gloire, où il pouvoit être élevé! Paris devenu l'azile & la patrie des plus grands hommes de l'Europe ; la nation Françoife rendue par vos travaux & vos établiffemens fupérieure à toutes les Nations; les peuples dans l'abondance, les Etrangers dans l'enchantement, & les Souverains dans le refpect ! Que pouvoit encore défirer votre foif infatiable pour l'honneur de fa Patrie ?

L'OMBRE.

Mes défirs n'étoient point fatisfaits. Je ne voyois point encore la France & la nation dans l'état de fplendeur & d'aifance que je lui deftinois, & auquel mon activité & mes lumieres n'apperçevoient aucun obftacle. Je découvrois dans le génie & l'induftrie du François une mine inépuifable de tréfors qui n'étoit ouverte qu'à mes yeux. Je la voyois fupérieure en richeffes à celles du Portugal

& de l'Espagne dans le nouveau monde, si je pouvois la mettre en œuvre à mon gré. (*) Sans cesse occupé de ce projet, j'observois avec douleur les autres Royaumes s'enrichir du luxe effréné de nos citoyens, auquel il eût été même dangereux d'opposer une barriere. Les impôts que leur payoit la vanité Françoise & son ardeur pour la nouveauté, mu-

---

(*) Dès que M. Colbert entra dans le Ministere, il forma le dessein de porter la France au plus haut dégré de splendeur, en la mettant en état de se passer de ses voisins, & même de leur donner la loi. Il sçavoit qu'une bonne Marine étoit la seule voie pour y parvenir. La nôtre étoit si médiocre qu'il falloit tirer de la Hollande toutes les munitions qui lui sont nécessaires; & jusqu'à des ancres, de la mêche, des cables préparés, des cordages, du salpètre, & même de la poudre à Canon. Ce grand Ministre donna de si bons ordres, que dans une année toutes ces manufactures furent établies chez nous, & sur de meilleurs modéles. La célérité dans l'exécution des ordres d'un Ministre est essentielle, & donne une nou-

tiloient sans cesse le corps de l'Etat en enlevant des sommes immenses qui auroient été ses bras & sa vigueur. Les belles Tapisseries de Flandre ne se perfectionnoient que pour enrichir nos appartemens. Venise ne fondoit, & ne polissoit ses Glaces que pour les embellir & les éclairer. Que devoit faire un sage Ministre, ne pouvant changer ni arrêter cette ntempérie de goût dans la Nation

---

velle force à ses projets. Mais elle est l'effet de la netteté & de l'étendue de ses lumieres, de l'activité de son génie, & de sa fertilité en expédiens prompts à forcer tous les obstacles. Sans cela un projet est abandonné pour un nouveau qui fait sentir les défauts du premier, & ce dernier est bien-tôt oublié & reste sans effet. Par-là tout languit dans l'inaction & l'incertitude, les occasions échappent, les maux augmentent, & deviennent ensuite irréparables.

La meilleure partie de cette note-cy sur M. Colbert à l'égard de la Marine, est tirée de *l'Essai sur la Marine & le Commerce*, ouvrage excellent de M. Deslandes, & le meilleur, ans contredit, qui ait jamais été fait en ce genre pour l'avantage de la France.

pour le luxe, que d'employer ses talens & son industrie, non-seulement à former chez elle la matiere de ces nouveaux embellissemens, mais encore d'en rendre l'Etranger avide en la portant à une plus grande perfection? Je l'entreprends & j'y réussis. J'enleve à nos voisins tous leurs avantages à cet égard. J'attire les ouvriers les plus habiles de tous les pays par les plus fortes récompenses. Bientôt on voit sortir de la manufacture Royale des Gobelins des chefs-d'œuvres, l'admiration de l'Europe & le désespoir des Flamands. Venise, l'orgueilleuse Venise s'avoue vaincue, non par la perfection du cristal, avantage de la matiere qu'on ne pouvoit transporter, mais par le voulume infiniment supérieur, & par la beauté du travail des Glaces dont j'établis les manufactures. (*) De combien de millions ces deux établissemens ont frustré l'Etranger, & que de trésors ils nous ont apportés! (**) je ne parle point

---

(*) Il faut ici remarquer un prodige réel dans la personne de ce Ministre. C'est que dans le même tems qu'il établissoit en France, & faisoit fleurir par sa vaste intelligence cette foule presque innombrable de Manufactures pour relever la Marine & le Commerce, il faisoit aussi travailler dans le même tems aux embellissemens de Paris; le Jardin des Tuileries, le Louvre, l'Observatoire, le Rempart, les Portes, les Avenues, &c. à ceux des Maisons Royales, Versailles, Trianon, la Menagerie, Marli, S. Germain, Fontainebleau, le fameux Aqueduc de Versailles, le Canal de Languedoc, &c. Qu'il fondoit des Académies pour les Sciences & les Arts à Paris & à Rome; qu'il encourageoit tous les sçavans François & étrangers par des récompenses & d'immenses libéralités. La postérité pourra-t-elle croire que la tête d'un seul homme ait été l'ame unique de tous ces travaux, & qu'il ait imaginé & exécuté en moins de 20 années tant de merveilles, auxquelles la vie de plusieurs Ministres auroient à peine suffi pour les concevoir?

(**) Combien de richesses le Sr. Julien le

des autres manufactures de draps de laine & de foye, dentelles, points de France que je fis établir, qui furpafferent ou égalerent au moins celles de nos voifins. (*)

Roi a fait venir en France des pays étrangers & de tout l'univers, fa réputation ayant pénétré jufques dans le nouveau monde! Quelle gloire il a acquife aux François par fes fçavantes & utiles découvertes dans l'Horlogerie, en primant aujourd'hui fur toutes les Nations, & particulierement fur les Anglois! Il les a fruftré de l'honneur qu'ils avoient depuis fi long-temps & avec juftice, d'être les Maîtres en cette Science, & des fommes immenfes qu'on leur envoyoit de toute part avant que ce fçavant homme leur eût enlevé la feule primauté qui lui reftoit fur la nôtre dans les Arts. Sa fuperiorité eft fi fort reconnue à Londres par fes plus habiles Horlogers, par les Seigneurs, & par toute la nation, qu'il envoye aujourd'hui autant de Montres, & de Pendules en Angleterre que dans tous les autres pays. Je ne parle point de quelle utilité a été la juftefte incroyable de fes Pendules pour les obfervations Aftronomiques, la Géographie, les voyages de long cours fur la mer & fur la terre pour mefurer fa figure, &c.

(*) Quoique l'on foit obligé de fupprimer

Je ne m'aveuglai point, malgré tant d'heureux succès, sur le danger d'avoir favorisé le luxe &

---

ici un grand nombre d'autres établissemens par ce Ministre, dont le détail seroit trop long, on ne doit pas passer sous silence l'attention qu'il eut aux Haras du Royaume. Lorsqu'il entra dans le ministere, il les trouva entiérement abandonnés, & celui du Roi anéanti. Il appella de Normandie un Gentilhomme nommé *de Garsault* très-habile dans la conduite des Haras & dans la connoissance des chevaux. Il le consulta beaucoup à ce sujet, & lui confia la direction & l'inspection générale des Haras du Royaume & de celui du Roi.

Voici l'extrait d'une Lettre de S. M. écrite sur ce sujet à M. Colbert que j'ai trouvé à la Bibliothéque parmi ses papiers. Elle est du septiéme Mars 1669.

Je fais état d'envoyer le sieur de Garsaut *en Angleterre au mois de Juin prochain, non-seulement pour y acheter quelques chevaux pour moi, mais encore pour y observer tout ce qui se pratique dans les Haras de ce Royaume, &c.* Signé, LOUIS.

Je rapporte ce trait avec bien de la satisfaction, parce qu'il prouve que le Ministre ne travailloit pas seul à augmenter la puissance de ce Royaume, & à nous passer de nos voisins, en tirant les instructions les plus exactes de tout ce qui se pratiquoit chez eux à leur avantage, & qui pouvoit servir à celui

forcé les particuliers à multiplier leurs dépenses, qui, sans passer dans les pays étrangers, n'occasionnoient pas moins leur ruine, pour des tems éloignés à la vérité, mais que mon zéle pour les citoyens apperçevoit. Je n'ignorois

de la France, mais que le Roi secondoit le Ministre, partageoit ses travaux, & étoit persuadé de l'utilité des Etablissemens nouveaux dans cet Etat, pour empêcher l'argent d'en sortir, & y attirer celui des Etrangers.

Je reviens à M. de Garsault. Le Roi attacha des honneurs & des appointemens considérables à cette charge, & en peu d'années cet établissement fut dans sa vigueur. Ce Ministre, qui pensoit à tout ce qui pouvoit être utile à sa nation, & avantageux à l'Etat, avoit formé le dessein d'établir en plusieurs Provinces des courses de chevaux, & des prix comme en Angleterre, pour y les dresser. Si ce projet eût réussi, comme on n'en sçauroit douter, nous ne serions pas dans la nécessité d'envoyer notre argent au-delà des mers, ni chez les étrangers, & ils seroient venus eux-mêmes acheter nos chevaux. C'est aux héritiers du nom & des talens de M. de Garsault que le Haras du Roi doit encore aujourd'hui son bon état. Il est situé près de la Ville de Séez.

pas que le libertinage, la perte des mœurs, l'affoiblissement des courages, & la fraude sont les suites nécessaires du luxe. Cette derniere sur-tout devient indispensable par le besoin de s'enrichir à quelque prix que ce soit, & par toutes sortes de voies; effet du luxe le plus certain & le plus funeste aux Sujets & à l'État. Je pensai donc à assurer par des moyens solides, des ressources à l'Etat & des richesses à la France indépendantes des tems, de la mode, & de l'inconstance de la nation. Je travaillai non-seulement à rendre la jalousie de nos voisins impuissante à nous enlever le fruit de ces établissemens, & l'assurance aux particuliers de leurs fortunes, mais encore à jetter la terreur chez nos ennemis, & leur imprimer du respect pour notre nation. Je ne le pouvois que par deux moyens infaillibles, le Commerce & la Marine, (*) seuls remparts d'un Etat, & qui le rendent inébranlable aux secousses des révolutions inévitables à tous

---

(*) Pour donner une légére idée des attentions infatigables de Colbert, à mettre en vigueur chez nous la Marine & le Commerce qu'il regardoit comme les deux colonnes de ce Royaume, & l'unique moyen de le porter au dégré d'élévation qu'il projettoit, voici l'extrait d'une Lettre qu'il écrit à un François son correspondant à Londres. Je l'ai tirée des Regiſtres manuscrits de ses dépêches concernant le commerce tant dedans que dehors le Royaume qui sont dans la Bibliothéque du Roi.

Lettre à M. Colbert à un particulier François à Londres.

..... *L'on m'a dit que vous aviez auprès de vous le Sr. de S. Hilaire, qui est un Eccléſiaſtique du Diocèſe de Beauvais; & ſur ce que l'on m'a aſſuré qu'il avoit beaucoup de connoiſſance des ouvrages maritimes, & qu'il s'y étoit particuliérement appliqué, comme à maintenir la navigation des rivieres dans leſquelles la mer entre, le nettoyement des Ports, Havres, & autres ouvrages de ce genre, & que nous manquons en France de gens*

les Empires, & dont les plus sçavantes Fortifications ne sçauroient les garantir. Je n'avois point oublié cette maxime de deux des plus grands Généraux de l'an-

---

bien capables de ces sortes de travaux, vous me ferez plaisir de me faire sçavoir si en effet il vous paroît capable d'en conduire, & sur-tout de s'appliquer pour se rendre encore plus habile, parce qu'en ce cas je pourrois lui destiner quelque emploi, & cependant il pourroit examiner avec soin tous les ouvrages de l'Angleterre, en lever les plans, & ensuite passer en Hollande pour faire la même chose. Si vous l'estimez capable de cet emploi, & que ses inclinations s'y portent, en me le faisant sçavoir, je lui enverrai tout l'argent qui lui sera nécessaire, &c. 25 Juin 1669. Signé Colbert.

Voici encore un extrait d'un registre où sont répondues par ses ordres, les instructions qu'il demandoit à ses correspondans non-seulement dans l'Europe, mais dans les trois autres parties du monde. Il y en a plusieurs volumes qui étonnent les Lecteurs par l'étendue immense de ce génie prodigieux & sans bornes, qui embrassoit toutes les branches & toutes les espéces de commerce, & sur-tout celui de la Mer le plus important à la France. Je ne

tiquité, l'un Grec & l'autre Romain. (*) *Quiconque veut dominer sur la Terre, doit commencer par dominer sur la Mer.* Le deſſein d'une excellente Marine avoit été formé avant moi par le Cardinal de Richelieu, Miniſtre le plus profond dans la ſcience de la Politique & du Gouvernement que la France ait eû; & dont le génie illimité en em-

───────────────

rapporte que quatre titres d'Articles que j'ai pris au hazard, concernant les ſujets ſur leſquels il vouloit être inſtruit.

Raiſons de ruiner le Commerce en Turquie.

Raiſons de régler l'établiſſement du Commerce aans les Indes & dans la Perſe, priſes de celles auxquelles les Hollandois ont réuſſi, ou manqué.

Raiſons de l'établiſſement du Commerce en Perſe en général.

Raiſons de faire paſſer le Commerce de la Perſe dans l'île de Madagaſcar, & des moyens qu'il y faut employer, &c. C'eſt du 9 Mars 1666.

(*) Themiſtocle & Pompée.

braſſoit toutes les parties pour les aſſervir au bien & à l'honneur de ſa nation. L'heureuſe ſituation d'un Royaume uni aux deux Mers, ſur-tout à la plus importante ſur laquelle il domine, l'étendue de ſes Côtes, leurs faciles accès, le nombre de ſes Ports, tant de précieux avantages n'avoient point échappé à ſes yeux toujours ouverts ſur les reſſources de l'Etat, & l'avoient fait ſouvent gémir de leur inutilité. J'eus le bonheur de ſuivre ſes vûes en cette partie avec ſuccès. Je travaillai à l'établiſſement d'une Marine étendue & bien adminiſtrée, dont une partie pût aſſûrer par ſa force & par ſa bonne conſtitution, celle du Royaume, & l'autre porter à tous les peuples de l'univers le fruit de nos travaux & de nos manufactures ; & rapporter tous les jours dans nos ports, avec l'or & l'argent des Etrangers, tout ce que la nature nous a refusé. Bien-tôt l'océan & la méditerranée virent avec étonnement leurs eaux couvertes d'une quantité de Vaisseaux qui leur étoient inconnus, & bien moins redoutables par le nombre, que par l'habileté de ceux qui les commandoient.

Après avoir rendu le Pavillon François respectable sur les deux Mers, je pensai à former, à l'imitation de nos voisins, une Compagnie pour le Commerce des Indes Orientales, que j'avois toujours regardée comme le Pérou de la France, si elle pouvoit être portée un jour à la perfection que j'avois imaginée, par la vigilance & la capacité des Ministres mes successeurs.

Je n'avois point cependant encore pû faire travailler à l'exécution du plus grand projet qui m'eût occupé, & que je désirois ardemment; c'étoit l'union des deux Mers. Il avoit été présenté au Cardinal de Richelieu, qui en fut frappé, en saisit à l'instant tous les avantages, & ne le perdit jamais de vûe; mais l'Etat dont il tenoit seul le gouvernail, étoit alors battu de si rudes tempêtes, qu'il ne pût même en faire commencer les travaux. Je l'envisageois, non-seulement comme la plus grande & la plus importante entreprise pour le bien du Commerce & de l'Etat qui eût encore été imaginée, mais encore comme la plus terrrible pour l'exécution. Aussi-tôt que je la proposai, elle fut rejettée comme une chimere. Il falloit vaincre mille obstacles effrayans qui sembloient être au-dessus des forces humaines. Peut-être auroient-ils étonné le courage & l'habileté de ce Peuple intrépide qui ne connoissoit point d'étonnemens. Le Roi même eut beaucoup de peine à croire cette jonction praticable, prévenu par des personnes jalouses de mes succès, & par d'autres d'un esprit timide & étroit. Enfin après avoir persuadé Sa Majesté des avantages immenses de ce Canal pour la richesse de son Royaume, Elle me permit d'envoyer sur les lieux ceux que j'estimerois capables de juger de sa possibilité. Je rendis leur rapport exactement au Roi, & lui dis avoir trouvé dans la tête d'un seul François, tous les hommes qui m'étoient nécessaires pour la hardiesse de mon entreprise. Ce Monarque, dont le génie élevé & vaste s'emparoit avidement de tout ce qui étoit grand, & en même tems utile à l'Etat par le Commerce, de l'importance duquel je l'avois convaincu, pour rendre son Royaume florissant & affermir sa puissance, m'en abandonna le soin. Cet homme unique, qui m'étoit absolument nécessaire pour réussir, (*) sçavoit parfaitement la position de tous les lieux, & la Topographie la plus exacte & la plus détaillée de la Province du bas Languedoc par les emplois qu'il y avoit exercés en homme habile. Je lui donnai toute ma confiance, & la conduite générale de ce grand ouvrage. Les Rochers & les hauteurs des Montagnes des Pirénées d'une part, & ceux de la Montagne noire de l'autre, s'opposerent envain à ces travaux; plusieurs furent entiérement coupées, abbatues & percées de part en part.

(*) M. Riquet.

Des réservoirs immenses construits pour suppléer aux défauts des rivieres dans les sécheresses. Un Canal de 27 Ecluses du côté de l'Océan fut creusé dans l'espace de 14 lieues. Un autre de 46 Ecluses du côté de la Mer Méditerranée dans celui de 50, & une infinité d'autres. Enfin tous ces grands ouvrages furent heureusement achevés en 14 années, & quand même leur succès n'auroit pas été si parfait, le courage seul de l'entreprise auroit mérité l'admiration & l'étonnement de ceux qui seront instruits du nombre & de la grandeur des obstacles qu'il y avoit à surmonter. (*)

―――――――――――――

(*(On lira ici avec plaisir les vers que fit le grand Corneille pour Louis XIV. sur la Jonction des deux Mers. C'est un des plus beaux morceaux de Poësie qui soit en notre langue, soit par la grandeur des idées, soit par

LA VILLE.

O ! François courageux & infatigable ! qui avez plus enrichi le Royaume par vos travaux que les Monarques guerriers par la conquête de plusieurs Provinces ! Citoyen à qui les Républiques d'Athénes & de Rome auroient décerné des honneurs divins, & éle-

―――――――――

la cadence & l'harmonie merveilleuse avec laquelle elles sont exprimées.

Vers de PIERRE CORNEILLE *sur la Jonction des deux Mers.*

La Garonne & le Tarn en leurs grottes profondes
Soupiroient de tout tems pour marier leurs ondes,
Et faire ainsi couler, par un heureux penchânt,
Les trésors de l'Aurore aux rives du couchant.
Mais à des vœux si doux, à des flammes si belles,

vé

vé des autels ! Quel bonheur pour vous d'avoir eu Louis XIV. pour Roi ! Si les Souverains ont acquis de la réputation pour avoir fait élever quelques beaux édifices pendant leur regne, quelle doit être la gloire de ce Monarque pour un si grand nombre d'ouvrages merveilleux, dont il a rempli la France ? Combien de Ports & de Havres construits, pour établir ou faciliter le commerce avec

---

La Nature attachée à des loix éternelles,
Pour invincible obstacle opposoit fiérement
Des monts & des rochers l'affreux enchaînement.
France, ton grand Roi parle, & les rochers se fendent,
La terre ouvre son sein, les plus hauts monts descendent.
Tout céde. Et l'eau qui suit les passages ouverts,
Le fait voir tout-puissant sur la terre & les Mers.

K

nos voisins! la communication des mers, les rivieres rendues navigables, les Palais des Rois ses prédécesseurs, augmentés ou embellis, la grandeur & la magnificence de celui de Versailles, les montagnes coupées, les vallées comblées, les eaux forcées à quitter leurs lits, & portées en l'air pour venir transformer un lieu aride & & en horreur à la nature, en un lieu enchanté, & qui rassemble toutes les merveilles des Arts. Quelle multitude de Statues parent ses Jardins! Quelle abondance d'eau de toute part leur donne la vie, & sous combien de formes ingénieuses elles nous enchantent! Les Palais de l'Europe les plus célébres, ont-il jamais offert aux yeux des spectacles aussi ingénieux que ceux des ornemens & des Peintures de la grande Gallerie & de l'Escalier des Ambassadeurs ? Encore une fois quelle gloire pour le Prince & pour le Ministre qu'un assemblage si prompt & si inconcevable de tant de prodiges ! Mais en même tems, quelle perte pour moi, & pour toute la Nation que la vôtre !

LE LOUVRE.

Hélas, ma douleur est encore plus juste & plus profonde ; permettez-moi, grand Ministre, de vous en exposer les sujets. Mais pourrois-je auparavant apprendre le détail de vos bontés, & de tous vos travaux pour moi ? Ils augmenteront à la vérité la honte de mon état présent, & le sentiment de mes humiliations ; mais ceux de reconnoissance qu'ils exciteront dans mon cœur, feront au moins quelque diversion à ma douleur.

L'OMBRE.

La dignité de votre édifice & sa magnificence étoient aussi l'objet de mes désirs & de mes soins les plus appliqués. Eh comment aurois-je pû être attaché à mon Roi avec autant de tendresse, & ne pas épuiser tout ce que j'avois de capacité pour rendre son Palais supérieur à tous les Palais des autres Monarques ! Voici les moyens que j'employai.

Pendant le tems que je faisois travailler à Versailles & au grand ouvrage de la jonction des mers, les embellissemens de ma Patrie m'occupoient toujours. Je ne perdois point de vûe mon dessein de relever l'honneur de la capitale & de la venger de l'oubli & de la négligence de mes prédécesseurs pour sa décoration & ses alignemens. Mais l'édifice qui exigeoit toute l'étendue, toute l'application de mes lumieres & la plus grande célérité dans sa perfection, étoit le Palais du Souverain. Les Magistrats, le peuple, tous les citoyens, & même les étrangers soupiroient après l'achevement du Louvre. Je n'avois rien à ajouter à la face de ce Château du côté des jardins. Celui dont je venois de l'embellir si heureusement, étoit le plus grand ornement & le plus parfait que l'on y pût souhaiter. Il formoit à ce palais un aspect enchanteur, & les vûes en étoient terminées assez agréablement par les allées de l'Etoile fort avancée dans la campagne (*). Il ne me restoit plus qu'à

―――――――――――

(*) M. Colbert a fait planter les champs Elisées, l'Etoile & les allées du Roule sur les desseins de le Nautre. Toute la partie de ce

finir le nouveau Louvre & son frontispice du côté de l'Eglise de Saint Germain l'Auxerrois, qui est celui de son entrée, & qui doit annoncer de loin le

beau plant sur la gauche du côté de la riviere a été achevé de son vivant. Elle se raccorde sçavamment avec l'ancien cours le long de la Seine appellé le cours la Reine, planté par Marie de Médicis, & renouvellé sous la régence de M. le Duc d'Orléans. On l'appelle aujourd'hui le nouveau ou le petit cours. Le dessein de M. Colbert étoit de former la partie droite des Champs Elisées sur le même plan que la gauche, sa mort en empêcha l'exécution. Il a été non-seulement abandonné, mais l'on a vendu de plus le terrain à différens particuliers qui y ont fait construire de beaux Hôtels avec de grands jardins sur les champs Elisées, ce qui rend aujourd'hui le projet de ce Ministre impraticable. Cependant on pourroit en quelque sorte réparer cette négligence, en faisant servir ces jardins à l'embellissement de cette partie, en fermant par des grilles de fer peintes en verd tous ceux qui en seroient susceptibles, pour ne point terminer les vûes de ce Parc par les objets désagréables des murs d'enceinte. C'est ce qui a été pratiqué très-heureusement à Londres dans le Parc St. James, & qui y ajoûte même une beauté,

Palais du Maître de la nation. Le Roi défiroit avec la plus grande ardeur de le voir achevé, & me dit qu'il ne vouloit rien épargner pour rendre fa façade fupérieure en

On devoit encore, fuivant le même plan, poufler la grande allée du milieu en face des Tuileries jufqu'à la riviere qui n'en eft pas éloignée, & y bâtir un pont. Un grand chemin au-delà planté d'arbres, auroit mené à Saint Germain, & toutes ces allées euffent conduit au bois de Boulogne. La partie droite de ce bois appellée la Plaine des Sablons auroit été plantée d'arbres, & eut formé un magnifique parc terminé en terraffe fur la riviere. Le grand chemin de Saint Germain eût abouti à une large chauffée qui en montant infenfiblement auroit conduit à un magnifique pont fur la Seine d'une feule arche, dont la culée du côté de la montagne auroit été prefque au niveau de la grande efplanade qui conduit aux deux Châteaux de Saint Germain. Cet ouvrage qui n'eut pas coûté des fommes immenfes, auroit joint à la Capitale de la France, un Cours digne d'elle par fa fuperbe grandeur & fa régularité. Le coup d'œil en eut été fi furprenant qu'il auroit étonné toutes les Nations. Nous en jouirions aujourd'hui, & de combien d'autres merveilles, fi Colbert eût encore vécu dix années !

tout à celle des Tuileries. Il m'ordonna d'y employer la magnificence la plus somptueuse dont l'architecture puisse décorer, & distinguer un édifice de cette importance. Quelque habiles que fussent nos Architectes François, je ne me bornai point à leurs idées. Le Cavalier Bernin avoit alors avec la réputation du plus grand Sculpteur, celle de premier Architecte de l'Europe par l'élevation de son génie, & le sublime qu'il répandoit dans toutes ses compositions. J'en parlai à Sa Majesté. Elle me chargea de l'engager à venir en France, & de l'attirer de Rome où il étoit alors, par des bienfaits abondans & les récompenses les plus flatteuses. Pour le presser davantage, elle lui assura une pension de 6000 livres pendant sa vie, & une gratification de 50 mille

mille écus. Elle lui envoya en même tems son Portrait chargé de diamans. Outre les frais de son voyage qui devoient lui être payés, on lui promit encore cent francs par jour pendant sa demeure à Paris. Le Cavalier Bernin ne tarda pas de s'y rendre. Mais ses desseins pour le Frontispice du Louvre n'ayant pas rempli l'idée que l'on avoit de sa haute capacité, ni satisfait le goût de Louis XIV., ils ne furent point suivis. La fortune qui épioit toutes les occasions de servir un si grand Prince, & qui lui formoit dans ses propres Etats des hommes supérieurs à ceux des autres Nations, lui fit rencontrer dans sa Capitale ce qu'elle avoit inutilement cherché dans les pays étrangers. J'avois des espions à Paris, dans tout le Royaume, & même chez l'Etranger pour découvrir le mérite caché. L'on me parla avec de grands éloges de Claude Perrault. Il étoit né avec une étendue d'esprit capable de toutes les sciences (*). Il

---

(*) Claude Perrault étoit fils d'un Avocat au Parlement de Paris, fort versé dans les Belles lettres qui développa & exerça lui-même les heureux talens que ses quatre fils avoient reçus de la nature. Chacun d'eux s'est distingué dans la Littérature par quelque ouvrage, & même l'aîné Receveur Général des Finances a fait un sçavant traité de Physique, & la France lui est redevable de la seule & bonne traduction du Poëme Italien de la *Secchia rapita* du Tassoni ; il se nommoit Pierre. Charle son frere étoit de l'Académie Françoise, & fort connu dans le monde Littéraire par le grand nombre de productions agréables de son esprit en tous les genres, & sur-tout par son zéle pour la préférence des Modernes sur les anciens. Il étoit fort versé non-seulement dans les sciences & dans les beaux Arts, Architecture, Peinture, Sculpture, Mécanique, mais encore dans les arts subalternes. Il s'étoit chargé, à la sollicitation de M. Colbert, du soin de déterrer les hommes à talens, afin de n'en laisser aucun sans appui, ni sans récompense. Il obtint par ces vastes connoissances la place

s'étoit fait un grand nom dans la Médecine & dans la Physique par des Mémoires excellens, donnés au public sur l'Histoire naturelle & sur celle des animaux. Il

---

de premier Commis de la Sur-Intendance des bâtimens, dont il devint ensuite Controlleur Général, & n'employa le crédit de cette place que pour l'avancement des sciences & des arts. Ce fut lui qui procura à l'Académie Françoise, après la mort du Chancelier Seguier, l'honneur d'être logée au Louvre, & fit accorder des honoraires aux assiduités des Académiciens. Ce fut encore sur ses Mémoires que Colbert forma les Académies des Sciences, Inscriptions, Architecture, Peinture & Sculpture. Il avoit aussi le talent de la Poësie, & parmi le grand nombre d'ouvrages qu'il a faits en ce genre, ausquels il n'avoit pas le loisir de mettre la derniere main, il y en a quelques-uns où l'on trouve de vraies beautés comme dans son Poëme sur la Peinture, & encore plus dans celui sur les Jardins dédié à M. de la Quintinie, & imprimé à la tête de son ouvrage. Mais ce qui lui mérita l'intimité & l'entiere confiance de ce Ministre, ce fut la droiture incorruptible de son cœur. Excellent ami, simple, modeste avec un si grand nombre de talens & de connoissances, il lui fut toujours fidélement

lut dans nos assemblées de l'Académie des Dissertations sur l'Architecture qui me parurent si sçavantes & si profondes, que j'engageai S. M. à l'obliger de travailler à la traduction de Vitruve pour l'avantage public, & surtout de l'Académie d'Architecture. Ce grand ouvrage ne l'effraya point; & pour réussir parfaitement, il s'arracha entiérement à l'étude de la Médecine & aux expériences de Physique, & abandonna les connoissances étendues qu'il avoit de la structure du corps des animaux pour se livrer à celle des bâtimens. Il abjura le culte qu'il rendoit à Hippocrate, ce célébre Philosophe, en qui il disoit que tout le bon sens de la Gréce

---

attaché, & seconda de tout son zèle & avec succès sa passion excessive pour la gloire de sa Nation, & l'immortalité de son Roi.

étoit renfermé, pour porter tous ses hommages à un sçavant également illustre en son genre, & qu'il estimoit aussi nécessaire pour former les bons Architectes, que les Aphorismes Grecs pour faire d'habiles médecins. Sa traduction fut enrichie de notes excellentes par l'étendue de son érudition, & sur-tout de celle dans la partie des Mathématiques qui regarde la Mécanique & les forces mouvantes, si nécessaire à tout Architecte. A peine cette traduction parut, qu'elle eut un cours prodigieux en France & chez les étrangers. Le Vitruve François n'honorera pas moins le siécle de Louis XIV. que le Latin a illustré celui d'Auguste. C'est à l'attention que j'eus de le détourner par cette traduction, de ses autres études, que j'attribue l'entiere métamorphose du bon Phyficien en excellent Architecte. Quelque foibles que fuſſent mes connoiſſances dans ce bel Art, les entretiens fréquens que j'avois eus avec ce ſçavant homme, m'en avoient donné les plus hautes idées. Je lui confiai mes regrets de n'en avoir pas fait une étude particuliere dans ma jeuneſſe, & surtout de celui du Deſſin pour pouvoir lui tracer mes penſées. Vous êtes dans une grande erreur, me dit-il, il eſt fort heureux pour un Miniſtre & encore plus pour un Souverain de ſe trouver dans l'impuiſſance de perdre un tems qui leur eſt ſi précieux, à crayonner des idées qui ne ſçauroient être utiles par l'ignorance des grands principes de cet Art & le défaut de pratique. Ces foibles connoiſſances leur ſont même nuiſibles, en ce que leurs productions étant applaudies par des flateurs, quelque médiocres qu'elles soient, elles sont souvent préférées pour l'exécution aux excellentes. D'ailleurs ces sortes d'amusemens étant toujours bornés à de petits objets, ils achevent de rétrécir leur goût, & leur génie au lieu de l'agrandir. Il y a long-tems que l'on a représenté un Prince qui fait bâtir, & celui à qui il confie le soin de ses bâtimens, par l'emblême d'un homme sans mains, mais avec de bons yeux & d'excellentes oreilles ; pour exprimer que ni le Roi, ni le Ministre ne doivent point travailler eux-mêmes aux Dessins de leurs bâtimens, qu'ils n'ont besoin que de bons yeux pour juger de ceux qu'on leur présente, & d'excellentes oreilles pour écouter les conseils des personnes capables de leur en donner. Voilà ceux qu'ils doivent chercher avec une ardeur continuelle, & suivre ensuite leurs avis, quand ils auront eu le bonheur de les trouver. Il ne s'agit pas, me disoit-il encore, pour un Sur-intendant des bâtimens d'un Roi tel que celui d'aujourd'hui, d'élever des pierres; mais de porter ses édifices publics au plus haut dégré de perfection où l'Architecture puisse arriver. La raison en est sensible. C'est que leurs beautés existent éternellement, & que leurs défauts sont irréparables. Mais où trouver d'excellens Architectes? Combien d'hommes en usurpent le nom qui sont à peine de bons ouvriers? S'il suffisoit pour le mériter d'avoir vû l'Italie, & d'y avoir mesuré exactement ses beaux édifices anciens & modernes, de connoître les proportions des cinq Colonnes & les parties de leurs Ordres, d'en avoir élevé plusieurs l'un sur l'autre, que d'Architectes il y auroit dans le monde! Mais ce n'est point là ce qui constitue le grand Architecte, c'est le génie seul, ainsi que dans tous les autres arts. C'est de l'avoir assez élevé pour pénétrer les principes & les sources de ses vraies beautés, approfondir les raisons primitives de leurs proportions, de leurs divisions, & des ornemens assignés à chaque Ordre; sentir par la force & l'activité d'un génie vigoureux, & par une longue expérience, tous les effets d'un grand ensemble avant de le mettre en œuvre, voir s'il doit résulter de la distribution de ses masses, cette harmonie, & cet accord qui ramene tout à l'unité. C'est enfin sçavoir prendre des licences à propos, sans paroître choquer les régles, ni s'éloigner des sages proportions, pour y jetter cette élégance & cet agrément qui charme & qui ravit; pendant que la froide correction & l'observation la plus scrupuleuse de ces mêmes régles, glace le spectateur & ne l'émeut d'aucun plaisir.

Ce furent ces difficultés de former de grands Architectes, ajouta Perrault, qui me porterent, avant de faire travailler à ces importans Edifices qui doivent servir de modéles à la postérité, à vous engager de solliciter S. M. d'envoyer des personnes habiles en cet Art dans l'Egypte, la Gréce, la Syrie, la Perse & par-tout où subsistent encore des vestiges & les ruines respectables de cette premiere Architecture presque aussi ancienne que le monde. (*)

(*) Il est vrai que l'on n'avoit point encore la connoissance des belles proportions, & que la Sculpture en étoit très-médiocre. Mais la

Quelle grandeur ! quelle vaste étendue dans ce qui nous reste du Palais des rois de Perse à Persé-

prodigieuse élévation, l'étendue de leurs édifices, la science & la solidité de leur excellente construction, suffisoit pour mériter l'admiration de la postérité. Périclès Roi d'Athenes fit changer tout-à-coup de face aux Arts dans cette ville. Il l'enrichit de Temples, de portiques, de Statues, &c. Il créa le goût des Athéniens pour les beaux Arts, excita l'émulation des meilleurs ouvriers, fit élever des monumens en toute sorte de genre aussi étonnans par la promptitude & en même tems la solidité de la construction, que par la souveraine perfection où ils furent portés en très-peu d'années. Ce fut alors que l'on vit une hardiesse de beauté dans l'Architecture Gréque, & dans de grands ouvrages de Sculpture dont il ne nous reste plus de vestiges que dans les Auteurs. Elle consistoit autant dans l'énorme grandeur des sujets, que dans la justesse admirable de leurs proportions. Ce n'étoit pas seulement par ces deux raisons que les Statues Gréques faisoient l'admiration de l'univers, mais par une autre qui leur est bien supérieure, c'étoit par la vigueur de cette expression de l'ame dans les traits du visage, & par la vérité des caracteres si rare aujourd'hui parmi nous. Phidias Athénien fit la statue de Minerve de

polis ! Les plus superbes demeures de nos Rois Européens, sont-elles comparables à l'immensité

39 pieds de hauteur, & celle de Jupiter Olimpien qui en avoit 60. Cette derniere l'a immortalisé. Il avoit donné au Maître des Dieux, un caractere si majestueux, si terrible ; en un mot si divin, qu'on lui demanda s'il avoit été ravi dans le Ciel pour y dérober une idée si sublime & si fort au-dessus de toutes celles des hommes ? Cicéron répond pour lui, & dit qu'une imagination élevée, grande & noble lui avoit suffi sans quitter la terre, pour peindre la Divinité ; qu'il n'en avoit point cherché les traits ni l'image dans aucun objet visible, mais dans la sublimité de son génie, où il s'étoit formé une idée de la majesté qu'il avoit imprimée à son Dieu, & qui frappoit de terreur & de respect tous les Spectateurs. Combien nous sommes aujourd'hui éloignés des Grecs, non-seulement par les grandes & majestueuses proportions de leurs ouvrages, mais par cette énergie, cette force, cette vérité d'expression de l'ame dans chaque caractere! Je ne parle point ici de beaucoup d'autres édifices célebres dans la Gréce, & regardés comme les merveilles de cet univers. Tel étoit le fameux Temple de Diane à Ephèse, le Tombeau de Mausole roi Carie, le Fanal de l'Isle de Pharos, le port du Pirée, &c ; & tous les autres édifices bâtis sous le regne immortel du roi Periclès.

& à la magnificence d'une seule des piéces de ce Palais? (*) L'on ne pouvoit donc rien conseiller à Louis XIV. de plus digne de sa grandeur, & de plus utile aux Arts pour les porter à leur perfection la plus sublime, que d'envoyer dans tout l'Orient recueillir les précieux débris de ces merveilles du monde pour former parmi nous d'excellens Architectes, & élever nos idées à la majesté de celles des anciens.

En général, la vaste étendue dans les grands corps d'Architecture, lorsqu'une belle harmonie & de justes proportions regnent

---

(*) Il est très-certain que la grandeur des objets est absolument nécessaire pour remplir l'idée du grand beau. Une personne d'une taille médiocre, quoique très-bien proportionnée & même belle, ne sera jamais appellée une beauté parfaite, parce qu'il lui manquera l'avantage de la taille qui fait la majesté & incline à la vénération.

dans toutes les parties & les ramenent à l'unité, forme un spectacle qui ravit l'ame, la transporte au dessus de sa sphére ordinaire, & lui imprime une admiration mêlée de respect & d'étonnement.

Il est vrai que les hommes doués d'une supériorité de génie capable de concevoir & d'enfanter ces ouvrages du premier ordre, ce grand, ce merveilleux, ces hommes, dis-je, sont très-rares, & ont de plus une fierté attachée à leur caractere qui naît de l'élévation de leurs sentimens. Ces grandes ames ne sçauroient s'abbaisser jusqu'à faire leur cour à des hommes médiocres & trop petits pour voir la hauteur de leurs talens. (*) D'ailleurs ces

---

(*) La servitude auprès des Grands, au sentiment de Longin, appauvrit l'ame, & la fait sensiblement décroître & maigrir.

hommes de génie rougiroient d'entrer en lice & en paralelle avec des concurrens ignorans, & d'un caractere pour eux trop méprifable, qui leur feroient furement préférés par l'intrigue & l'intérêt, ou du moins par le défaut d'examen, & le peu d'eftime des talens fupérieurs. Par-là, ces hommes rares fe voyent exclus néceffairement des feules places qu'ils ambitionnent, qui font celles données au mérite, & où on eft le maître d'exécuter fes idées fans être contrarié par des fupérieurs, & où enfin ils feroient affurés de parvenir à la plus haute eftime & à la confidération la plus diftinguée. Elle étoit telle chez les Romains, cette noble fierté, que plufieurs ont mieux aimé fe procurer la mort que de fe voir forcés à travailler à des bâtimens qui n'auroient pû éternifer leur mémoire. C'eſt donc au Miniſtre habile & vigilant à chercher ces grands hommes avec paſſion, à les arracher à l'obſcurité qui les dérobe, & à les prévenir par toute ſorte de bienfaits. Il ne les trouvera ni dans l'antichambre des Rois, ni à la porte des Grands, ni à la ſienne occupés à traiter avec leur livrée du prix de leurs entrées. Ennemis des baſſeſſes de tous ces valets de la fortune, vils reptiles que l'on voit lêcher la terre, & vivre d'opprobres pour s'ouvrir les cabinets des favoris par les voies les plus honteuſes & les rebuts les plus humilians; ces génies élevés, ces ames hautes & ſatisfaites de la dignité de leurs ſentimens, ſeule véritable nobleſſe, aiment la retraite & l'obſcurité, & n'ambitionnent que les honneurs donnés

nés au mérite. Comme ils ne veulent avancer qu'en marchant sur la ligne droite, ils abhorrent ces allures obliques & tortueuses qui menent aux grandes charges & aux premiers emplois. Mais comment découvrir ces hommes rares ? à quoi les discerner ? à quoi ? le voici. A la franchise & à la modestie de leurs propos, à la droiture de leur cœur, à leur amour pour la vérité, leur haine pour la flatterie, & sur-tout à leur générosité & leur désintéressement. Voilà leur enseigne, voilà le signal infaillible auquel le Ministre les pourra distinguer, s'il a lui-même une ame capable de ces sortes de distinctions !

C'étoient là les sujets de nos entretiens avec cet homme ferme & éclairé. Je m'en suis rappellé quelques traits en votre faveur. Que n'ont-ils été écrits & donnés au public ! Ils vous auroient pû former d'auſſi grands Citoyens que d'excellens Architectes.

LA VILLE.

Quelque ardeur que j'aye pour les beautés des Arts, & pour l'embelliſſement & la perfection de mes Edifices, j'en ai une bien plus forte pour tout ce qui pourroit établir des ſentimens de droiture & d'élevation dans le cœur de mes habitans. Je vois avec plaiſir que l'indifférence pour la fortune eſt preſque inſéparable de la ſupériorité des talens, & que la généroſité & le déſintéreſſement ont toujours été le ſceau & l'empreinte qui caractériſent les grands hommes.

LE LOUVRE.

Le plaiſir que j'ai de vous entendre, ô mon pere ! ne me fait point oublier la suite du récit de vos travaux en ma faveur, que j'ose vous prier de continuer.

L'OMBRE.

J'y reviens. Dès que le Cavalier Bernin fut arrivé à Paris, Perrault chercha avec avidité les occasions de s'entretenir avec lui; mais ses discours ne satisfirent point l'opinion extraordinaire qu'il en avoit. Dans tous ses desseins, dont il lui fit part, il admira la beauté de son génie & la vaste étendue de son imagination digne d'une réputation si célébre; mais ses plus belles compositions en architecture n'étoient presque jamais assujetties à des proportions exactes, & conformes à celles que Perrault s'étoit formées sur les plus beaux Monumens Grecs & Romains. A l'égard de son goût pour la décoration des Maufolées, des Pompes funébres, des Fontaines publiques, & des Ouvrages d'importance & d'une grande étendue, aucun génie de son siécle n'a égalé, & peut-être aucun n'égalera la hauteur & la magnificence de ses pensées. Perrault me fit sentir en bon juge, mais sans jalousie, les écarts, les licences & le mépris des grandes régles au travers des beautés qui brilloient dans ses desseins pour le frontispice du Louvre. Peut-être l'Italie accoutumée depuis un siécle à la licence des Sçavans de sa nation dans les Arts comme dans les Lettres, eût admiré son projet. Peut-être aussi eût-il été adopté par la nôtre sous un regne moins éclairé ; mais les yeux du Roi ne furent point éblouis par de si magnifiques séductions. Après beaucoup d'accueil à l'Auteur, il me déclara en son absence qu'il n'étoit point satisfait. Quelques mois après, Perrault eut l'honneur de lui présenter un dessin pour cette façade ; S. M. fut quelque tems à l'examiner, puis elle s'écria avec satisfaction que c'étoit ce qu'Elle désiroit. Elle fut frappée & satisfaite de la grandeur & de la riche simplicité de cette majestueuse ordonnance, & m'ordonna d'y faire travailler sur le champ, & de prodiguer à son auteur toutes les facilités & les fonds nécessaires pour sa parfaite exécution. Et c'est où doivent toujours tendre les Souverains, dans les Ouvrages d'importance auxquels ils se determinent. L'économie de la dépense en ces occasions est une foiblesse d'esprit nécessairement suivie de la honte & de l'inutilité des regrets. La préférence que donna Louis XIV. au dessin sage & simple de Perrault, sur les beautés séduisantes, mais défectueuses de celui du Bernin, prouvoit dans ce Prince un grand discernement, & le goût du vrai beau, extrêmement rare chez tous les hommes, & sur-tout chez les Grands. Tout le monde est convenu, & même les Etrangers, que le dessin du Péristile du Louvre est un chef-d'œuvre de grandeur de génie, & en même tems de bons sens & de raison. (*) C'est sur cette raison,

___

(*) Plusieurs personnes ont disputé inutilement à Claude Perrault la gloire d'avoir donné le dessin de la Colonade du Louvre, fondés uniquement sur ce que Boileau rapporte à ce sujet dans ses Réflexions critiques sur Longin. Mais le jugement particulier de cet illustre Satyrique seroit très récusable, s'il étoit contraire au général & à celui de tout le public qui l'a toujours donné à Perrault sans varier. Tout le monde sçavoit alors la haine de Boileau contre Messieurs Perrault, qui prenoit sa source dans l'ouvrage du Paralelle des anciens & des modernes par Charles Perrault frere de l'Architecte, où il donnoit la

me difoit fouvent ce grand Architecte, fur ce concours & ce
rapport général d'approbations,
qu'ont été établies les régles &
les belles proportions confacrées
dans l'architecture à chaque Ordre. Elles ne doivent cependant
jamais être fi refpectées qu'elles
ne puiffent fouffrir quelque exception par la différente pofition des
objets affujettis aux différens af-
pects de l'œil qui les obferve. La
fcience même de l'Optique, fi
néceffaire à l'Architecte, ne fçau-

―――――――――――――――――――

préférence entiere à ces derniers fur les premiers, & où Boileau n'étoit pas bien traité. Il
eut même quelques difputes affez vives avec
l'Architecte dont il avoue qu'il avoit voulu fe
venger par la façon dont il en parle dans fon
Art poëtique, auquel cependant il ne pût re-
fufer dans la fuite la qualification de bon &
d'habile Architecte dans fes écrits. Il dit dans
fes Réflexions critiques, *Qu'un des plus célébres Architectes* qu'il n'ofe pas nommer, ce
qu'il faut bien remarquer, *s'eft offert de lui
faire voir papiers fur table, que le deffin de*

roit donner des régles certaines à cet égard, & ce n'est que la justesse de son génie & l'art de prevoir les effets de ses parties, suivant la diversité de leurs emplacemens, qui peuvent autoriser &

---

la Façade du Louvre est du sieur le Vau & non de Perrault. Si ce célèbre Architecte (Dorbay disciple de le Vau) avoit pû tenir sa parole, avec quelle joye maligne Boileau eût saisi cette occasion de se venger de son ennemi, en lui enlevant la gloire dont il avoit joui jusqu'alors sans aucune contestation, d'être l'auteur de ce chef-d'œuvre? Mais tout au contraire, Boileau déclare en rapportant ce fait, *qu'il ne veut point entrer dans cette dispute & que s'il prenoit un parti, ce seroit en faveur de Perrault* Je ne vois pas quel avantage les ennemis de ce dernier peuvent tirer du discours de Boileau qui me paroît décider en sa faveur. Quelque mordant que fut ce grand Poëte, son esprit seul étoit satirique, mais son cœur étoit droit & aimoit passionément la vérité. Il en a donné des preuves dans sa réconciliation sincere avec Perrault dans la lettre qu'il lui écrivit : où il lui avoue, *que le dépit de se voir critiqué lui avoit fait dire des choses qu'il auroit mieux fait de n'avoir pas dites.* Il en usa de même avec Quinaut après l'avoir si injus-

faire

faire réuſſir ces ſortes de licences.

Quoique les deſſins du Cavalier Bernin pour la façade du Louvre n'euſſent point été agréés,

―――――――――――――

tement décrié, & ſe rétracta de tout ce qu'il en avoit dit.

Je joins à la réfutation de cette autorité, le bel éloge que fit à la mort de Claude Perrault le célébre & ſçavant Baſnage dans ſon hiſtoire des ouvrages des ſçavans au mois de Novembre 1688. dont voici un extrait. » ... Il ſçavoit
» parfaitement l'Architecture, & M. Colbert
» ayant fait faire des deſſins pour la façade
» du Louvre par tous les fameux Architectes
» de France & d'Italie, celui de M. Perrault
» fut préféré à tous les autres, & a été exécuté tel qu'on le voit aujourd'hui, ſur les profils & les meſures qu'il en a donnés. C'eſt
» auſſi ſur ſes deſſins qu'a été élevé l'Obſervatoire de Paris avec toutes les commodités qui s'y trouvent pour obſerver. Cet édifice eſt d'autant plus à eſtimer qu'il eſt d'une
» eſpéce ſinguliere & nouvelle en France,
» ce qui demandoit beaucoup de génie & de
» ſcience. M. Perrault fit auſſi le grand modéle de l'Arc-de-triomphe du fauxbourg S.
» S. Antoine, dont une partie a déja été conſtruite ſous ſes yeux.

N

il fut cependant décidé que l'on exécuteroit celui qu'il avoit fait du monument pour la grande Place en face de ce Palais, & proportionné à sa largeur. L'E-

---

Un autre témoignage bien puissant, c'est celui de M. de Boffrand qui vit encore, & dont la réputation d'excellent Architecte, & sur-tout d'homme d'honneur & de probité, n'est point équivoque. Son aveu est d'un poids accablant par l'avantage d'avoir été son contemporain. Il m'a dit il y a plus de 20 ans, qu'il avoit vû dans le tems de la construction du Louvre, le dessin de la Façade signé par Claude Perrault. A cette preuve oculaire & invincible il ajoûta, qu'il n'en auroit eû nullement besoin pour décider dans la suite par ses lumieres & son expérience, quel étoit l'auteur de cet admirable édifice. *Il n'est point de véritable Architecte*, me dit-il, *qui n'apperçoive les rapports qu'ont entr'eux ces trois excellens édifices. On y trouve les mêmes proportions, mêmes profils, même sublimité de génie, surtout dans l'Arc-de-triomphe & le Péristile.* Les sçavans en Architecture & en Peinture peuvent juger affirmativement des ouvrages d'un Artiste, comme l'on juge de ceux d'un Ecrivain par son stile & son génie, & par l'é-

glise de S. Germain devoit être abbatue & rebâtie tout auprès. Dans cette place s'élevoit un Rocher d'environ cent pieds de hauteur, dont la masse énorme & sa-

---

lévation ou la médiocrité de l'un & de l'autre. C'est ce que pense fort sensément M. Piganiol dans sa description de Paris, tom. 2. pag. 152. où il dit " Que de tous les Bâtimens " construits par le Vau, on n'en voit aucun où " il y ait la moindre ressemblance de leur Ar- " chitecture avec la magnificence & la gran- " deur de celle de Perrault, & ensuite pag. " 635. " Quoique le Vau, dit-il, fut un " habile homme dans sa profession, ce n'étoit " pourtant qu'un Architecte *de tradition* com- " me tous ses confréres, c'est-à-dire, un ob- " servateur exact des régles qu'on lui avoit " apprises; mais nul génie, nulle imagina- " tion, nulle invention au-delà.

Après ce que je viens de rapporter, je crois qu'on n'exigera pas de nouveaux témoignages en faveur du sieur Perrault. Il en est cependant encore un de la plus grande force, & égale à celle d'une démonstration Géométrique, au sentiment d'un des meilleurs juges & des plus grands hommes qui nous reste du siècle de Louis XIV. Charles Perrault frere de l'Ar-

vamment bizarre étoit décorée de Fleuves, de Divinités maritimes, de Tritons, &c. Les torrens d'eau qu'ils vomiſſoient, s'alloient précipiter dans un immenſe baſſin

chitecte publia en 1697. les Hommes illuſtres du dix-ſeptiéme ſiécle, au nombre desquels il rangea avec juſtice Claude Perrault. Il lui donne les éloges qui lui ſont dûs, c'eſt-à-dire, les plus grands, pour avoir imaginé ces trois chefs-d'œuvres d'Architecture ci-deſſus nommés, ſans dire un mot de l'attaque de Deſpreaux dans ſes Réflexions critiques, ni daigner la refuter par le défaut de vraiſemblance, & le peu d'impreſſion qu'avoit fait ſur les eſprits, un Paradoxe tombé de lui même & mort dès ſa naiſſance Il ſe fit pluſieurs éditions de ſon ouvrage in-folio & in-douze, ſans que qui que ce ſoit ait penſé à diſputer à Claude Perrault ſes belles productions. C'étoit donc un fait de notorieté publique. Or je ne ſçai point d'argument plus fort & plus déciſif en ſa faveur, que ce ſilence, & ce conſentement univerſel. Combien de voix ſe feroient élevées ſi Charles P. eut eû l'impudence de donner pour vrai, un fait non-ſeulement faux, mais même douteux, & de l'affirmer du vivant de Louis XIV. ſous les yeux duquel il s'étoit paſ-

d'une forme singuliere revêtu de marbre, & élevé de 4 à 5 pieds. L'eau de ce bassin eut été ensuite distribuée en plusieurs endroits de la Ville. Une figure de Louis XIV. d'une proportion très-gigantesque auroit terminé tout l'Ouvrage, dont l'idée étoit di-

───────────────

sé, & de M. Colbert de Villacerf alors surintendant des Bâtimens ? D'ailleurs, pourquoi le Vau a-t-il laissé jouir paisiblement pendant toute sa vie l'usurpateur, de sa réputation & de son bien ? Pourquoi le sieur d'Orbay a-t-il attendu la mort de le Vau & de Claude Perrault pour dire qu'il avoit des papiers & des titres si décisifs en faveur de son maître ? Pourquoi enfin ne les a-t-il jamais produits ?

Voilà beaucoup plus de preuves qu'il n'en falloit pour écraser les ennemis de Perrault qui ont toujours été des hommes médiocres & sans génie, & pour terminer une dispute où leur parti est si mal défendu. Je ne crains point que la postérité refuse à la mémoire de cet illustre François la gloire & l'immortalité dûe au plus grand génie en Architecture qui ait jamais existé.

gne de son auteur. L'enceinte de la place étoit portée jusqu'à l'allignement du Pont-neuf, & fermée par des grilles de fer appuyées d'espace en espace sur de gros massifs en forme de piedestaux quarrés qui auroient soutenus des groupes de figures. On auroit menagé dans leur intérieur un logement pour des Sentinelles aux principales entrées. Les frises continues de grilles, & les couronnemens des portes auroient été dorés, comme celles de Versailles & de l'Orangerie.

Je fis élever les trois faces de ce Palais sur un plan quarré, & j'en reservai toute la magnificence pour le côté de son entrée. Je n'épargnai aucune dépense pour egaler la perfection de l'exécution à celle du dessin. Les sieurs le

Vau premier architecte du Roi, & le fameux le Brun, ce génie universel, toujours grand, toujours riche, & qui embraſſoit tous les Arts, furent aſſociés à Perrault pour la plus grande perfection de tout l'ouvrage, & d'Orbay habile Architecte fut chargé particulierement du ſoin de l'exécution. Je choiſis parmi nos Sculpteurs les plus excellens pour les chapiteaux des colonnes Corinthiennes ; c'eſt le travail le plus difficile en ce genre, & d'où dépend preſque toute la grace & l'élégance de cet Ordre. C'eſt ſur les deſſins du Sr. le Brun & ſous ſes yeux qu'ils furent exécutés dans cette perfection qui les fait regarder par les connoiſſeurs François & étrangers comme des modéles de perfection en leur genre, ſoit par leurs belles proportions, ſoit par la légéreté de leurs feuilles, & les graces avec lesquels elles font traitées. Je destinai aux autres la sculpture des ornemens des plat-fonds, des architraves, & de ceux de la Gallerie, les festons qui accompagnent les médaillons, les vases & les trophées sur la balustrade du comble, le timpan du grand fronton, les statues des niches, &c. Enfin j'eus la satisfaction d'entendre des cris d'applaudissemens universels à mesure que les beautés de ce Palais s'élevoient. Je laissai les murs de face portés jusqu'aux combles, & la grande façade élevée jusqu'à la balustrade, & presque entierement finie. Quel plaisir je vais goûter d'en voir en ce moment l'entiere perfection, & le majestueux spectacle ! J'y cours.

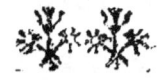

LE LOUVRE.

Arrêtez, chere Ombre! ô mon pere arrêtez....! Ah! qu'allez-vous voir? couvrez-vous bien plutôt de vos voiles funébres pour dérober à vos regards les objets affreux qui vont les frapper.

L'Ombre entre dans la Cour du Louvre par le Vestibule à colonnes.

L'OMBRE.

Dieux! que vois-je! ô spectacle d'horreur....! douleur trop sensible! Quoi! tout l'intérieur de ce Palais imparfait, sans couverture, abandonné aux outrages du tems comme la masure la plus vile! enfin dans le même état où je l'ai laissé il y a plus de 60 années..! Mais....! quels sont ces bâtimens neufs placés dans le centre du Palais du Souverain? Quels citoyens célébres ont mérité pour récompense cette habitation nouvelle & aussi singuliérement distinguée, qu'elle est pour vous infamante ? Quel important service ont-ils rendu à la Patrie ? seroient-ils assez heureux pour avoir sauvé la vie à leur Roi dans quelque bataille, ou découvert quelque conspiration contre sa personne sacrée ? Ont-ils relevé l'Etat prêt à périr par une révolution subite ? ou leur génie & leurs talens seroient-ils assez prodigieux pour l'emporter sur tous ceux de leurs compatriotes dans les Sciences ou dans les Arts, & mériter la récompense d'une si étonnante distinction ?

LE LOUVRE.

Hélas !

L'OMBRE.

Parlez. Quelles raisons moins importantes auroient pû enhardir des Sujets, jusqu'à violer avec une telle audace le respect dû au Palais du Souverain, & profaner avec autant d'indécence la dignité d'un lieu qui lui est consacré ? Vous qui présidez à ce Palais auguste, expliquez-moi les raisons qui peuvent autoriser un spectacle aussi offensant pour vous & pour la nation, & hâtez-vous de calmer l'indignation qu'il m'excite.

LE LOUVRE.

O ! citoyen aussi enflammé pour la gloire de mon Roi & pour l'honneur de son Palais, que dans les tems heureux de ma naissance ! O mon Pere que votre courroux seroit flatteur pour moi, si l'excès de ma douleur me permettoit quelque autre sentiment ! Apprenez tous mes malheurs, & gémissez avec moi de la rareté des bons Citoyens. Vous allez voir si c'est sans sujet que mes cris perçans vous ont arraché à la paix de l'Elisée. La précipitation avec laquelle vous êtes entré dans ce Palais, a dérobé à votre vûe les infâmies qui en assiégent les portes & l'enceinte. Le premier édifice de la Capitale, & auquel étoient attachés tant d'honneurs, se voit aujourd'hui le plus deshonoré & le plus outragé. Environné de toutes parts de vils bâtimens destinés aux usages les plus abjets, combien ai-je souffert il y a quelques années de leur construction ! cependant pour modérer ma douleur, je les regardois comme hors de mes murs, & je les voyois bâtir assez légérement, pour laisser au public l'espérance d'une prochaine démolition de la part de ceux même qui les élevoient ; & cette réfléxion m'en avoit un peu confolé. Mais ceux qui offenfent fi juftement vos regards, les regards de toute la nation, & fur-tout des Académiciens, à qui la libéralité de nos Rois & leur eftime, ont accordé l'honneur d'habiter leur propre palais, & qui fe trouvent aujourd'hui moins flattés d'un tel bienfait par ces logemens plus diftingués, & qui femblent les infulter en leur dérobant la vûe même de ce Louvre, objet de leur refpects & de leur reconnoiffance. Enfin ces bâtimens fcandaleux ont été fondés & conftruits en gros blocs de pierre, & avec la plus grande folidité, pour égaler leur outrage à ma durée. Paris a pouffé des cris d'indignation, en voyant boulverfer le terrein de la cour de ce Palais augufte, comme celui d'un champ abandonné pour y jetter les fondemens de ces édifices. Ses cris ont rédoublés à la vûe de la solidité de leurs murs, & le public, dont les vœux tendent toujours à mon achevement, n'a plus gardé de mesures, quand il a vû rebâtir à neuf toutes les masures voisines pour autoriser l'audace de celui qui a élevé ce premier bâtiment, & ma cour se remplir de nouvelles indécences. Par-là j'ai perdu tout espoir de voir jamais ce beau Palais non-seulement fini, mais encore visité par son Roi, livré par ce dernier excès d'avanie, au désespoir de la nation, & à la dérision de l'étranger.

L'OMBRE.

Je ne reviens point de mon étonnement, j'ai peine encore à croire ce que je vois, & ce que vous me dites. Combien d'Ombres Françoises descendues depuis quelques années dans le séjour que j'habite, m'ont fait l'éloge de Louis XV., & m'ont assuré non-seulement qu'il goûtoit les Arts & les Sçavans, mais encore qu'il les protégoit, & les récompensoit ? Qu'il aimoit l'ordre & la décence en sa Cour & dans ses Palais ; qualité si essentielle aux Rois pour leur assurer le respect ! Comment se seroit-il laissé surprendre le consentement d'une singularité si injurieuse à sa plus belle Maison ? N'est-ce plus une distinction ni un honneur d'avoir les entrées du Louvre ? ou si cet honneur subsiste encore, comment l'accorder avec un tel avilissement ? Quelle idée peut-on avoir de la Divinité à laquelle un Temple est consacré, en voyant l'insulte & la profanation de ce Temple par ceux même qui sont établis pour en soutenir la décence

& la dignité, & en augmenter la gloire ?

LE LOUVRE.

Hélas ! grand Ministre, ma douleur la plus amere est de penser que mon Roi ignore mon état & mes affronts. Une seule de ses visites que je désire avec tous les bons Citoyens depuis si long-tems, un seul de ses regards, jetté sur toutes les ignominies que je renferme, ou qui m'environnent, les feroit disparoître à l'instant, & me rendroit ma dignité, ma joye, & combleroit en même tems les vœux de toute la nation. Combien d'expédiens on a offerts aux Ministres pour m'achever sans qu'il en coûtât quoi que ce soit à S. M.! Aujourd'hui même M. le Prévôt des Marchands en a proposé l'achevement aux dépens de la Ville, si le Roi vouloit

loit permettre d'en transporter l'Hôtel dans la partie qui regarde la riviere. Mais les avis les plus avantageux parviennent rarement jusqu'aux oreilles du Souverain, par des raisons que l'on ignore, ou s'ils y arrivent quelquefois, des intérêts particuliers empêchent alors leur effet par de faux prétextes d'économie ou d'impossibilité. Il en est de même des Sujets qui ont le plus de droits à leurs récompenses, & qui s'en voyent tous les jours frustrés par des concurrens qui n'ont de mérite que l'habileté de l'intrigue, & celle de sçavoir importuner leur Personne.

L'OMBRE.

Les bienfaits déplacés offensent tous ceux qui en sont dignes, & ont souvent coûté des regrets bien douloureux aux Souverains,

Non-seulement les récompenses injustes découragent les talens, mais elles les exterminent. Elles poussent au dépit, & jettent dans le désespoir les Sujets les plus rares & les plus précieux à l'Etat, qui par-là lui deviennent inutiles. De légeres récompenses au contraire, données au mérite & à propos, accompagnées de quelques paroles obligeantes, ont forcé aux plus rudes travaux, & à des actions merveilleuses, des génies voués à la mollesse & à l'inaction. Elles ont valu à Louis XIV. des hommes & des ouvrages qui feront éternellement honneur à son régne. Souvent même un seul mot de bonté, un seul regard caressant de ce Prince lui a ramené des Sujets découragés & rebutés, qui ont ensuite sacrifié avec joye tous les momens de leur vie à son service. Plus heureux à cet égard que bien d'autres Souverains, & malheureux en ce qu'il a été quelquefois trompé par ceux qu'il avoit le plus honorés de sa confiance & accablés de ses faveurs. O que les Rois sont à plaindre! abandonnés des hommes vrais, seuls dignes d'être leurs amis, ils ne voyent, ils n'entendent que par l'organe de la complaisance, de la flatterie, de l'intérêt & de la séduction. Les Sujets les moins zélés pour leur bien & celui de l'Etat, sont souvent ceux qui leur sont attachés par leurs emplois, & dont on ignoreroit jusqu'à l'existence sans leurs bienfaits. N'y aura-t-il donc jamais auprès des Rois que des hommes mercénaires qui n'existent que pour la fortune, qui ne connoissent rien d'estimable que leurs richesses, & qui feroient abattre les Edifices les plus honorables à la nation, si le prix de leur débris étoit accordé à leur brutale avarice ! (*) La haine que je porte aux lâches Citoyens ne me laisseroit point finir sans l'impatience que j'ai de voir votre Façade que j'ai laissée imparfaite, & dont aujourd'hui le superbe spectacle, qui ne doit rien laisser à désirer, va me combler de joye & de satisfaction. Je passe rapidement & les yeux voilés au travers de cette indigne rue, & de toutes ces horreurs.

(*) Il fut proposé sous le Ministere du C.D.F. d'abattre le Louvre pour vendre les matéreaux, par des hommes de l'espéce dont on vient de parler. Cette extravagante proposition fut écoutée, mise en délibération, & alloit passer tout d'une voix, lorsqu'un des membres de cette digne Assemblée, qui heureusement pour l'honneur de la Nation n'avoit ni frénésie ni fureur, demanda quel François seroit assez audacieux pour se charger d'une telle entreprise ? qu'il pouvoit espérer d'être déchiré par tous les Citoyens, au premier coup de marteau qu'il y feroit donner.

LE LOUVRE.

Grand Colbert, où allez-vous? arrêtez ici vos pas, je vous en conjure. Pourquoi chercher de nouveaux sujets de colere & de désespoir ?

L'OMBRE.

Je ne vous écoute point, & j'y vole.

L'Ombre cherche la place qui devoit être en face du Péristile du Louvre, ou du moins un lieu propre à l'appercevoir.

Où suis-je! est-ce une illusion! mes yeux m'ont-ils égaré! N'est-ce pas ici que je dois trouver l'aspect de ce Louvre admirable? de cette superbe Colonnade, dont la sublime majesté, la simplicité sçavante, le choix heureux des plus belles proportions avoit coûté tant de travaux & d'efforts de génie aux plus sçavants Artistes?

Qui peut donc m'oppofer de toutes parts ces murs & ces indignes barrieres ? Dieux ! ma nation feroit-elle devenue barbare au point de s'être dérobé à elle-même le fpectacle de ce qu'elle a de plus magnifique & de plus parfait ! O jour fi cher, ne m'es-tu donc rendu que pour offrir à ma vûe les objets les plus défolans ! O mes yeux, que n'êtes-vous encore couverts des épaiffes ténébres du tombeau ! quelles douleurs vous m'auriez épargnées ! Puiffances du Tenare que j'invoque, ouvrez vos abîmes ; l'afpect des tortures de vos malheureux me fera bien plus fupportable que celui de ces lieux. Je fuis exaucé, la terre s'ouvre, puiffai-je emporter chez les morts pour mon repos, l'oubli éternel du deshonneur de ma nation.

L'Ombre s'abîme.

LE LOUVRE.

O chere Ombre! ô mon pere! mon unique appui! ma seule consolation! vous fuyez, vous m'abandonnez pour toujours! ô grand Colbert!... Mais je l'appelle inutilement, il échappe à mes désirs; je le perds, & sans espérance de le revoir jamais.

LA VILLE.

Ministre adorable! vous n'avez donc revû le jour que pour me faire sentir plus amérement votre absence! Combien le récit de vos bontés & de vos travaux immenses pour ma gloire, que vous venez de graver éternellement dans mon souvenir, va augmenter mes douleurs! O France! ô Citoyens! quel Ministre fut jamais plus digne de vos regrets, de votre vénération & presque de votre culte ! Quels honneurs ne devriez-vous pas rendre à son illustre mémoire ! Quoi ! votre folie erige de toute part des Statues à toutes les ridicules & chimériques Divinités du Paganisme ; elles décorent en foule vos Jardins, & meublent vos Palais, & votre reconnoissance n'en a pas élevé une seule à l'honneur de l'incomparable Colbert ! du plus grand Ministre, & en même tems du meilleur Citoyen que la France aura jamais ! Quelle ingratitude ! O François, que vous êtes encore barbares !

LE LOUVRE.

Hélas ! je sens en ce moment que la vûe de l'ami le plus cher & que l'on a le plus souhaité, ne sert qu'à rendre nos maux affreux, & notre état plus horrible au moment qu'il nous échappe. Me voilà replongé plus profondément
dans

dans le désespoir. Je n'ai plus de ressource qu'en vous, ô ma chere patrie ! ô ma mere ! qui me souffrez encore dans votre sein tout deshonoré que je suis ! Je n'ai que vous pour m'arracher de l'abîme des humiliations où je suis enseveli. Vous êtes mon seul appui, mon unique espoir ; vous seule pouvez apporter quelque reméde à mes maux & au mépris dont je suis accablé.

LA VILLE.

Palais respectable ! qui deviez faire ma plus grande gloire, si la fortune ennemie n'eût ravi trop-tôt à la France celui qui vous a élevé, ne vous abandonnez point au désespoir. Je sens toute l'ignominie de votre état, & je n'en partage que trop la honte, pour demeurer tranquille, & ne pas employer tout mon crédit en votre faveur. Le cri universel de mes habitans qui vient de s'élever pour voir l'image de leur Roi placée à votre entrée & en face de votre Frontispice, parviendra peut-être jusqu'aux oreilles de S. M. & sera capable de l'émouvoir. Elle a de la bonté, & elle aime ses Sujets. Quel plus beau monument & plus cher à son peuple, pourroit honorer votre façade, & m'honorer moi-même ! Je n'ai point même encore perdu l'espoir d'y voir transporter mon Hôtel. Quelle douleur j'aurois ajoutée à toutes celles de cette Ombre généreuse ! si je lui avois dit que depuis son absence, sa chere Ville de Paris n'a pas encore une maison pour loger ses Magistrats avec quelque décence, & dans un lieu digne de la Capitale du Royaume. Auroit-elle pû croire que dans ma vaste enceinte, où j'ai l'ornement & l'avantage d'une grande riviere, un nombre confidérable de Ponts, de larges quais capables de contenir un peuple immense, pour le faire jouir des spectacles donnés pour lui, & qui ne sçauroient être trop abondans & trop superbes pour les Etrangers, auroit-elle pû croire que le corps respectable de la premiere Ville du monde, habitât encore dans une maison gothique, étroite, incommode, enfin dans un lieu aussi ignoble & aussi indécent que celui de la Gréve, pour en faire le Théâtre de ses Fêtes publiques? Où pourroit être mieux placé mon Hôtel que dans votre Palais, pour donner à la Cour & aux Seigneurs le spectacle des feux sur la Riviere ou sur le Pont-neuf en supposant le Roi ou la Ville dans l'impuissance d'en faire construire un magnifique & bien distribué ailleurs, & sur-tout dans la place qui doit vous servir d'entrée ? Les espérances que nous donne aujourd'hui l'heureux événement de la Paix, doivent suspendre nos gémissemens. Quelques raisons que nous ayons de regretter l'étendue du génie & du zéle du grand Colbert, pour la gloire du Roi & de la nation, nous avons lieu de croire que les heureux loisirs de cette Paix vont exciter nos Ministres à travailler pour l'honneur de leur Patrie, & le bonheur des Sujets. Malgré les tems, nous avons vû les gens de Lettres & les beaux Arts animés & soutenus par des récompenses. Des Sçavans envoyés aux deux extrémités de notre Globe pour en déterminer la figure avec la plus grande exactitude. L'honneur du Jardin Royal des Plantes relevé, & égalé aux plus beaux de l'Europe. (*) Des Bâtimens construits pour loger les végétaux étrangers, à qui l'on n'avoit pû jusques-là conserver la vie, & dont aujourd'hui la vigueur leur a fait oublier l'air natal, par l'art avec lequel on a transporté dans leurs nouvelles habitations le Soleil & la température de leurs Climats. On voit de plus dans ce Jardin un Cabinet d'Histoire naturelle commencé depuis peu d'années, & déja abondant en richesses par les soins & par l'habileté du sçavant Académicien (**) qui en a la direction. De combien d'embellissemens & de commodités mes ha-

―――――――――――

(*) La Nation doit uniquement à l'intelligence de M. le Comte de Maurepas, à l'étendue de ses connoissances, & à son amour pour le bien de la Patrie, l'entier rétablissement de ce Jardin, la construction de ses Serres, & la formation du magnifique Cabinet de l'Histoire naturelle.

(**) M. de Buffon.

bitans ne sont-ils pas redevables à ce digne Magistrat, qui a si fort honoré la Prévôté des Marchands, (*) & à qui le grand Colbert sembloit avoir transmis son zéle & son goût pour l'honneur de la Patrie! Son nom sera toujours cher aux bons citoyens, & ses travaux l'objet de leur reconnoissance.

N'avons-nous pas encore de grands sujets d'espérance dans le dessein qu'à formé la Ville & qui a été approuvé par le Roi, de faire construire une place magnifique pour élever sa Satue? Je ne sçaurois croire que S. M. se borne à cette seule idée de décoration pour sa Capitale, & qu'elle ne jette pas quelques regards d'attention & d'amour propre sur vos beautés dont la perfection feroit infiniment plus d'honneur à sa

---

(*) M. Turgot.

mémoire & à celle de son regne, que sa construction abandonnée n'en a fait à celui de Louis XIV. Que de Médailles ! que d'Inscriptions ! que d'Ecrits en vers & en prose & dans toutes les langues pour célébrer le plus beau jour de son Histoire, & le plus honorable à la nation, & pour consacrer à la postérité le souvenir du Monarque généreux à qui elle en seroit redevable ! Quelle joye pour moi & pour tous les François de pouvoir admirer mon plus beau monument, témoignage éternel de notre supériorité dans l'Architecture sur toutes les Nations de l'Univers ! Peut-être que mes autres Edifices dignes d'être vûs & qui gémissent de leur emprisonnement, tel que le Portail Saint Gervais, & beaucoup d'autres, pourroient espérer en même tems leur liberté, & voir tomber ce qui nous les dérobe. Seroit-ce encore trop me flatter, que d'espérer de la tendresse du Roi pour son peuple un peu d'attention pour sa santé, en faisant renverser toutes les maisons sur mes Ponts & le long de mes Remparts, qui privent mes habitans d'une promenade qui leur étoit autrefois si utile & si agréable, aujourd'hui si négligée & changée en une rue presque continuelle! Elles nuisent à la vie de ses Sujets qui lui sont chers, comme je l'ai déja dit, & cette seule raison lui suffira pour n'avoir point d'égard à toutes les autres.

Voilà les sujets de consolation que je vous laisse en vous quittant. Espérez d'avoir bien-tôt un sort digne de vous, digne de la grandeur du Monarque des François, & de celle de la Capitale de son Royaume.

F I N.

SUR LE LOUVRE.
Par M. de Voltaire.

Monumens imparfaits de ce siécle vanté,
Qui sur tous les beaux Arts a fondé sa mémoire,
Vous verrai-je toujours en attestant sa gloire,
Faire un juste reproche à sa postérité ?

Faut-il que l'on s'indigne alors qu'on vous admire !
Et que les Nations qui veulent nous braver,
Fieres de nos défauts, soient en droit de nous dire,
Que nous commençons tout pour ne rien achever.

Mais ô ! nouvel affront ! quelle coupable audace (1)
Vient encore avilir ce chef-d'œuvre divin ?
Quel sujet entreprend d'occuper une place (2)
Faite pour admirer les traits du Souverain ?

Louvre, Palais pompeux, dont la France s'honore !
Sois digne de Louis ton maître & ton appui :
Sors de l'état honteux où l'univers t'abhorre,
Et dans tout ton éclat montre toi comme lui (3)

---

(1) On élevoit alors dans le milieu de la cour du Louvre le Bâtiment que l'on y voit aujourd'hui

(2) On avoit projetté dans le plan du Louvre de placer au milieu de la cour une statue du Roi.

(3) Louis XV. revenoit alors à Paris victorieux, triomphant & pacifique.

RÉFLEXIONS
SUR
QUELQUES CAUSES
DE L'ÉTAT PRÉSENT
DE LA PEINTURE
EN FRANCE,
ET
SUR LES BEAUX ARTS.

M. DCC. LII.

RÉFLEXIONS

SUR

QUELQUES CAUSES, de l'état préſent de la Peinture en France.

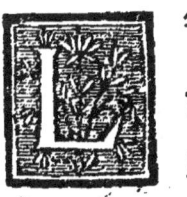'Empire de la Peinture ſur tous les hommes n'étonnera point, quand on penſera que nous naiſſons preſque tous imitateurs, ou avec le penchant à l'imitation. C'eſt ſur ce goût naturel qu'eſt fondé tout le pouvoir & l'enchantement de ce bel Art. Son empire s'étend ſur tous les âges & toutes les nations.

De quelle admiration ne furent pas frappés les peuples du nouveau monde, qui ignoroient les prestiges du pinceau, lorsqu'ils virent nos tableaux & nos portraits pour la premiere fois ! Rien de tout ce qu'ils possédoient, ne leur parut précieux ou utile pour les obtenir en échange. Je ne parle point des nations policées, elles nous sont trop connues pour douter de leur amour pour cette agréable illusion. A l'égard des états, en est-il quelqu'un qui ne soit soumis à sa domination ? N'avons-nous pas vû plusieurs fois dans nos maisons des personnes du rang le plus abjet, de grossiers & stupides campagnards rester muets & immobiles pendant un long tems devant des tableaux, où l'imitation du vrai étoit assez forte pour étonner leur raison & suspendre entierement toutes les facultés de leur ame ? On peut dire en faveur de la Peinture, la même chose des âges que des états. Combien d'enfans à peine hors du maillot ont treſſailli, & marqué leur joye à la vûe des Portraits de leurs peres & meres ! Leurs geſtes, leurs mouvemens exprimoient des ſenſations que leur langue ne pouvoit pas même encore bégayer. N'en a-t-on pas vû ſouvent à l'aſpect des tableaux de fruits, demander avec des cris opiniâtres d'en approcher, porter avidement ſur eux leurs petites mains, & pleurer enſuite de dépit d'avoir été trompés.

Mais ſi de tels faits font honneur à la Peinture, ce n'eſt qu'à la Peinture excellente & à la parfaite imitation. Autant ſa perfection nous ravit & nous enchante, autant ſa médiocrité nous glace & nous rebute.

Quelles sont donc les routes qui conduisent à ce degré de supériorité dans cet Art ? Quels obstacles retardent aujourd'hui nos efforts pour y arriver ? L'on va hazarder quelques réflexions à ce sujet. On est bien éloigné de les donner comme des décisions, rien n'étant plus injuste & en même tems plus inutile que de vouloir asservir le sentiment d'autrui au sien propre. La nature donne à tous les hommes, dès leur naissance, des lumieres différentes & une façon particuliere de voir les objets & d'en juger. Avare des vûes grandes, étendues & justes, elle prodigue les talens bornés & médiocres. Mais pourquoi cette mere féconde & libérale de tout ce qui peut servir à nos plaisirs, a-t-elle mis si peu d'égalité dans la distribution de ses biens ? si ce n'est pour nous lier ensemble

ensemble le plus étroitement, & engager pour le bonheur & l'avantage de la société, ceux qu'elle a enrichi de ses bienfaits, à répandre leurs richesses sur les indigens qu'elle semble avoir oublié, & nous donner lieu par-là d'exercer la plus noble fonction de la condition humaine, qui est la bienveillance & la générosité.

Voilà donc la nécessité indispensable de la communication de nos biens établie par la nature. Voilà l'obligation réciproque des avis & des conseils les uns envers les autres sur les sujets où l'on se croit plus éclairé, & capable de porter un jugement plus juste par des lumieres naturelles ou acquises. Cette obligation renferme celle d'une critique sage, mesurée, exactement assujettie aux loix de la politesse & de la bienséance, qui ne blesse point l'amour propre de ceux à qui elle est adressée : d'une critique sans humeur, sans passion, sans intérêt personnel, & qui n'ait d'autre vûe que celle de la correction des défauts & d'une plus grande perfection.

Ce sont des motifs si avantageux au public, & si dignes de l'attention des Magistrats, qui ont déterminé depuis quelques années ceux qui président aux Beaux Arts dans cette ville, d'exposer une fois l'an au grand jour & à la liberté de la censure publique, les ouvrages des Académiciens. C'étoit pour eux le moyen le plus sûr de faire des progrès rapides dans leur art par la vue de leurs fautes, & de l'impression de leurs productions sur le public connoisseur ou ignorant, puisque le grand beau & le vrai exprimé à un degré supérieur & à un certain point de perfection, doit frapper d'admiration & affecter fortement & indistinctement tous les hommes.

Un écrit imprimé & un tableau exposé appartiennent au public; & quoique ce dernier ne puisse pas se multiplier comme un écrit par l'impression, chaque particulier a le droit d'en porter son jugement. Heureux l'Artiste qui réunit les suffrages de la multitude! Plus heureux encore celui qui trouve des critiques assez courageux & & assez amis de son avancement, pour l'éclairer sur ses défauts, malgré l'approbation du plus grand nombre & les exclamations des flateurs. Eux seuls pourront lever chez lui le bandeau de l'amour propre, si funeste à quiconque court à la gloire. Mais qu'il n'espére pas trouver un si grand bien dans les bras de l'indolence, & de l'admiration de ses œuvres ; ce n'est point assez de désirer ces généreux critiques pour les trouver, il faut les déterrer quelque peine qu'il en coûte, sçavoir écouter leurs avis, dépouiller toute prévention en leur présence, les encourager à la sévérité, & à ne nous faire aucune grace; enfin avoir le courage de s'en faire des amis & de se les attacher. Eux seuls le tireront de l'état honteux de la médiocrité pour le faire passer du bon à l'excellent, seul terme de l'homme de génie. S'il n'arrive pas toujours à cette perfection si rare, il jouira du moins d'une certaine supériorité extrémement flateuse vis-à-vis d'habiles concurrens. Je dis d'habiles, car quelle misérable gloire que celle que l'on remporte sur des rivaux ignorans ou médiocres ! J'avoue que ces vrais connoisseurs, ces Aristarques éclairés

& sans adulation sont rares; mais ils le feroient beaucoup moins sans la présomption de la plûpart des hommes à talens, qui estiment leur goût exquis & infaillible, & ne voyent point chez les autres de lumiere supérieure à celle qui les aveugle.

C'est principalement dans la partie du sentiment donné à si peu de personnes, & que cependant tout le monde croit posséder, que réside le fondement des connoissances justes & certaines, parce que c'est le sentiment seul qui saisit ce qui affecte, & ce qui intéresse. J'appelle de ce nom cette lumiere naturelle qui fait voir au premier coup d'œil la dissonance ou l'harmonie d'un ouvrage. C'est elle qui est la base du goût, j'entends de ce goût ferme & invariable du vrai beau, qui ne s'acquiert point s'il n'est le don d'une heureuse naissance. Mais ce sentiment naturel doit être étayé & affermi par l'étude des principes sans lesquels nous ne jugerons jamais des objets que d'une maniere confuse : satisfaits des impressions générales & momentanées, nous ignorerons la science des détails & l'examen des parties ; examen absolument nécessaire pour pouvoir porter un jugement sûr, & évaluer le total par la valeur de chaque partie.

Rien n'est donc plus certain qu'un Artiste n'aura point un grand nom sans le secours des conseils & de la critique. Celle de ses confréres ne sera pas toujours la plus sûre. La plûpart jugeront des beautés & des défauts de ses ouvrages rélativement à leur propre intérêt, à celui de leur réputation, ou de leurs passions. Ils en jugeront encore par une attention servile aux régles de leur art, toujours froides & stériles, sans estime & sans égard pour ces hardiesses heureuses, enfantées par le génie, & sauvées par le talent de les placer à propos & en maître. Leur jugement pourra encore manquer de justesse par une routine de comparaison à leur propre maniere souvent médiocre & uniforme. C'est avec bien plus de sûreté qu'il leur préférera les sentimens d'un spectateur désintéressé, qui sans manier le pinceau, jugera par un goût naturel, & éclairé par des principes. Le Peintre ne sçauroit donc prendre trop souvent ses avis sur l'accord & la convenance des tons, sur le beau choix des Episodes, sur leurs effets particuliers & généraux, & sur l'harmonie d'un bel ensemble qui fait le charme de tous les yeux.

Plusieurs Peintres manquent

d'arriver à cette célébrité que tous doivent désirer, par le mauvais choix de leurs Sujets. C'est l'écueil ordinaire des Peintres médiocrement versés dans l'Histoire, ou de ceux qui présumant de leurs forces, & ignorant les bornes de leurs talens, veulent briller dans tous les genres, souvent par une vanité excessive, quelquefois aussi par une basse envie des succès de leurs confréres dans d'autres genres que le leur. Cette jalousie si méprisable à l'homme de génie, cette fille odieuse de l'orgueil, combien a-t-elle séduit de bons Ecrivains qui ont voulu traiter toutes sortes de matieres, & passer pour des génies universels ? Un esprit (*) du premier ordre du siécle dernier, & dont celui-ci a encore le bonheur de jouir, célé-

---

(*) M. de Fontenelle.

bre dans tous les genres, a fait beaucoup de mauvais imitateurs, qui auroient peut-être été eux-mêmes des modéles, s'ils avoient fçu se fixer dans la sphère de leur capacité.

Quoique le nombre des Sujets dont dépend le plus souvent la fortune des Tableaux, soit presque infini parmi ceux que nous offrent l'Histoire sacrée, la profane & la Fable, nous voyons cependant presque tous nos Auteurs plagiaires nés, s'attacher à des Sujets traités mille & mille fois. Ignorent-ils l'empire de la nouveauté sur notre esprit, & qu'elle y usurpe tous les jours les droits du mérite ? Il n'est donné qu'aux génies vastes, & pénétrans de découvrir dans des Sujets épuisés aux yeux des esprits vulgaires, une infinité de circonstances neuves, intéressantes, qui liées à

R

l'action principale, & présentées sous des aspects nouveaux & ingénieux, sçavent rajeunir des Sujets usés en apparence, par le choix d'un plus beau moment, & d'un nouvel intérêt.

Un Auteur, en Peinture comme en poësie, doit mesurer son projet à ses forces, pour éviter l'erreur de certains Peintres, qui se flatent de déguiser par la nouveauté des Episodes, des Sujets tombés de vieillesse; Ne pouvant imaginer des beautés neuves dans leurs compositions, où ils désirent cependant soûtenir une certaine réputation d'esprit méritée & dont ils se piquent; trop sensés d'ailleurs pour ajouter des Episodes de leur invention, surtout dans des Sujets sacrés & d'un Historique inviolable, ils affoiblissent & déguisent l'action principale en y substituant des attitudes violentes & exagérées : ils jettent sur les visages, & particulierement dans les regards une expression outrée qui devient une grimace aussi indécente dans le Sacré, que comique dans le Profane.

De tous les genres de la Peinture le plus grand, le plus noble, enfin le premier sans difficulté, c'est celui de l'Histoire. Le Peintre Historien est seul le Peintre de l'ame, les autres ne peignent que pour les yeux. Lui seul doit sentir & exprimer cet enthousiasme, ce feu divin qui lui fait concevoir ses Sujets d'une maniere forte & sublime : lui seul peut former des Héros à la postérité, par les grandes actions & les vertus des hommes célébres qu'il présente à leurs yeux, non dans une froide lecture, mais par la vûe même des faits & des acteurs. Qui ne connoît l'avantage de ce sens sur tous les autres, & l'empire qu'il a sur notre ame pour la pénétrer de l'impression la plus soudaine & la plus profonde ?

Mais où trouveront nos jeunes éleves la chaleur & le feu de ces éloquentes expressions, la source de ces grandes idées, de ces traits frappans ou intéressans, qui caractérisent le vrai Peintre d'Histoire ? Ce sera dans les mêmes fonds où nos meilleurs Poëtes ont toujours puisé. Chez les grands écrivains de l'antiquité : dans l'Iliade & l'Odissée d'Homére si fécond en images sublimes : dans l'Eneïde si riche en faits héroïques, en pathétiques narrations & en grands sentimens : dans l'art Poëtique d'Horace, thrésor inépuisable de bon sens pour la conduite d'un plan de Tableau épique ou tragique : dans celui de Despreaux son imitateur : chez le Tasse, chez

Milton. Voilà les hommes qui ont ouvert le cœur humain; qui ont porté leurs regards dans ce qu'il a de plus intérieur & de plus difficile à appercevoir, & nous ont rendu ses troubles, ses fureurs, ses agitations avec une éloquence & une vérité qui nous instruisent, en nous comblant de plaisir.

Le Peintre Historien est-il religieux ? Veut-il consacrer son pinceau aux Sujets de piété ? Quelle source plus abondante de grands événemens, du seul merveilleux vrai & respectable, & du pathétique majestueux, que dans nos Livres sacrés, & sur-tout dans les cinq grands Prophétes, Isaïe, Ezechiel, Jérémie, Daniel, & le Prophéte Roi ? N'est-ce pas ce dernier qui a inspiré le célébre Rousseau, ce poëte si sublime & si harmonieux, dont la force & la beauté du génie ont fait tant d'honneur à son siécle & à la Poësie françoise! N'est-ce pas à la hauteur des idées de David qu'il doit les beautés incomparables de ses Odes sacrées?

Tout le monde sçait le rapport parfait du Peintre avec le poëte. Il sera sans chaleur & sans vie, & son génie sera bien-tôt refroidi, s'il ne l'échauffe par un commerce fréquent & opiniâtre avec ces grands hommes dont je viens de parler. Quand je conseille cette étude à nos Peintres d'Histoire, je suppose qu'elle a été précédée & & étayée de celle de nos Peintres anciens & modernes les plus célébres dans ce genre. Raphaël, Dominiquin, les Carraches, Jule Romain, Pietre de Cortone, &c. & parmi nous, Rubens, le Poussin, le Sueur, le Brun, le Moine dans son plat-fond de Versailles, chef-d'œuvre de l'art, & comparable à tout ce qui a été fait de plus parfait en ce genre, soit en France, soit en Italie : enfin de tous les excellens ouvrages dont il doit avoir médité profondement l'œconomie, l'ordonnance, les effets de leurs sçavantes compositions, & copiés les morceaux les plus estimés pour le dessin & pour le coloris. Sans une collection abondante de ces excellens matéreaux, il ne parviendra jamais à construire l'édifice d'une réputation de plusieurs siécles.

Après avoir donné aux Peintres Historiens le rang & les éloges qu'ils méritent, que ne puis-je les prodiguer à ceux d'aujourd'hui, & les élever, ou du moins les comparer à ceux du siécle passé ! Siècle heureux ! où le progrès & la perfection dans tous les Arts avoient rendu la France rivale de l'Italie! Je suis cependant bien éloigné de penser que le génie François soit éteint, & sa vigueur entierement énervée. Les Peintres célébres de notre Ecole que je viens de nommer, & qui ont égalé le siécle de Louis XIV. à celui de Leon X. dans les beaux Arts, & même surpassé par leur nombre, trouveroient encore aujourd'hui des émules, si le goût de la nation n'avoit beaucoup changé, & si aux révolutions qu'amenent nécessairement dans les Etats comme dans les esprits la succession des années, & l'empire de la nouveauté, il ne s'y étoit joint un goût excessif pour un embellissement dont le succès a été extrêmement nuisible à la Peinture.

Les Glaces, dont nous regarderions le récit des effets comme un conte de Fée, & une merveille imaginaire, si la réalité ne nous en étoit trop connue, ces Glaces qui forment des tableaux où l'imitation égale si parfaitement les sujets imités : ces Glaces assez rares dans le siécle passé, & extrêmement abondantes dans celui-ci, ont porté un coup funeste à ce bel Art, & ont été une des principales causes de son déclin en France, en bannissant les grands sujets d'Histoire qui faisoient son triomphe, des lieux dont ils étoient en possession, & en s'emparant de la décoration des Sallons & des Galleries. J'avoue que les avantages de ces Glaces qui tiennent du prodige, méritoient, à beaucoup d'égards, la faveur qu'elles ont obtenue de la mode. Percer les murs pour aggrandir les appartemens, & y enjoindre de nouveaux; rendre avec usure les raïons de la lumiere qu'elles reçoivent, soit celle du jour, ou celle des flambeaux; comment l'homme ennemi né des ténébres, & de tout ce qui peut en occasionner l'horreur, auroit-il pu se défendre d'aimer un embellissement qui l'égaïe en l'éclairant, & qui en trompant ses yeux, ne le trompe point dans l'agrément réel qu'il en reçoit ? Comment lui préférera-t-il les beautés idéales de la Peinture souvent sombres, dont le plaisir dépend uniquement de l'illusion à laquelle il faut se prêter, & qui n'affecte souvent ni l'homme grossier ni l'ignorant ?

Le succès rapide d'une découverte si favorable au plaisir général, & au goût particulier d'une nation avide de tout ce qui est brillant & nouveau, ne doit point nous surprendre malgré ses agrémens purement matériels, & bornés entiérement aux plaisir des yeux. L'intérêt a tout mis en œuvre pour en perfectionner les manufactures, & pour les multiplier à l'infini. Mais comme il étoit impossible d'en revêtir totalement les murs des grands appartemens, soit à cause des frais considérables, soit par le dégoût qu'auroit causé l'uniformité, on a imaginé d'en remplir les intervalles par des vernis de couleurs couchés sur des panneaux enrichis de dorure, & même sans dorure ; l'éclat & le poli de ces vernis agréables, étant après les Glaces ce qui réfléchit le plus la lumiere.

La science du Pinceau a donc été forcée de céder à l'éclat des Glaces, & des Vernis. La facilité méchanique de leur perfection & leur abondance ont exilé des appartemens le plus beau des Arts, à qui l'on n'a laissé pour azile que quelques misérables places à remplir, des dessus de portes, des couronnemens de cheminées & ceux de quelques trumeaux de Glace raccourcis par œconomie. Là, resserrée par le défaut d'espace à de petits sujets hors de la portée de l'œil, la Peinture est réduite dans ces grandes pièces à des représentations froides, insipides & nullement intéressantes : les quatres Elemens, les Saisons, les Sens, les Arts, les Muses, & autres lieux communs, triomphes du Peintre plagiaire & stupide, qui n'exigent ni génie, ni invention, & pitoyablement tournés & retournés depuis plus de vingt ans en cent mille manieres.

Je devrois passer sous silence pour l'honneur de ce bel Art, les lieux ignobles où la Peinture s'est refugiée depuis son exil des appartemens. Nos peres auroient-ils pu prévoir qu'un jour des Curieux viendroient admirer les beautés d'un sçavant pinceau dans les vils réduits des angars & des remises! Rien n'est plus vrai cependant qu'avant que les Camaïeux eussent pris le dessus pour l'embellissement des Carrosses, on y a vû, & l'on y voit encore des Tableaux coloriés d'un prix & d'une perfection supérieure, ou du moins égale à ceux qui ornoient les appartemens des maîtres de ces maisons. Ces beaux Tableaux ne sortoient de ces lieux ignobles que pour être trainés dans les rues, y essuyer les outrages de la bouë, & être exposés tous les jours au choc des tombereaux, des charrettes, à l'allure impétueuse d'autres Carrosses, enfin aux embarras infinis des voies publiques inévitables dans une aussi grande ville. Que doivent le plus admirer les Etrangers? ou le mépris & l'abus ridicule chez nous de ce bel Art, ou l'excès & la bizarrerie de notre luxe porté à un si haut degré d'extravagance ?

Il restoit encore aux Sujets de Fable ou d'Histoire un champ vaste & favorable au génie du grand Peintre dans la science des percés, & des raccourcis, & où tout l'art magique de la Perspective pouvoit être mis en œuvre, & c'étoient les Plat-fonds. Mais le Public accoutumé à l'éclat des Glaces que malheureusement on n'a pu encore y placer, & que je ne désespére pas d'y voir briller quelque jour, a préféré aux beautés du ressort de l'esprit, & qui demandoient de la réflexion & des connoissances, la blancheur matérielle du Plâtre découpé en filigrane dans la naissance des voussures, dans les angles, & dans les points du milieu par des ornemens de la même matiere, souvent dorés, quelquefois peints, la plûpart grotesques imperceptibles, que Voltaire a critiqués avec raison dans son Temple du Goût.

Je couvrirai Plat-fonds, Voutes, Voussures
Par cent magots travaillés avec soin,
D'un pouce ou deux pour être vûs de loin.

Et dans un autre endroit,

.... Le tout glacé, verni; blanchi, doré;
Et des Badauds à coup sûr admiré.

J'ajoute à ces raisons du déclin present de la Peinture, sur-tout dans le genre de l'Histoire, celle d'un goût devenu presque général parmi nous, & c'est depuis plusieurs années celui du Portrait.

Un Peintre heureusement né pour l'Histoire par l'élévation de ses pensées, l'étendue de son esprit & la vivacité de ses conceptions; dans les mains duquel un beau génie aura mis ses pinceaux, se voit aujourd'hui forcé d'abandonner son talent, & se livrer, ainsi que nos écrivains, aux sujets futiles de la mode & du tems. Il se verra réduit par la nécessité, à quelques ouvrages pour les Eglises, pour les Gobelins, ou à un très-petit nombre de Tableaux de chevalet que l'on a presque entiérement proscrits des ameublemens, parce qu'ils marquent, dit-on, les tapisseries de soie, dont on préfére à présent le lustre & l'uniformité aux sçavantes variétés du Pinceau, & à toutes les productions de l'esprit les plus ingénieuses

nieuses & les plus amusantes. Quelle sera la ressource du Peintre Historien, s'il n'est pas en état de nourrir sa famille de mets plus solides que ceux de la gloire ? Il sacrifiera à ses besoins son goût favori & des talens très-rares pour ne pas voir languir sa fortune malgré sa science & ses travaux, vis-à-vis de la rapide opulence de ses confreres Peintres en Portraits, & sur-tout au Pastel. Il étouffera la voix de son génie, & détournera son pinceau de la route de la gloire, pour suivre celle qui mene aux aisances de son état. Il souffrira à la vérité pendant quelque tems de se voir forcé de flater un visage minaudier, souvent difforme ou suranné, presque toujours sans phisionomie ; de multiplier des êtres obscurs, sans caractere, sans nom, sans place & sans mérite ; souvent méprisés, quelquefois même odieux, ou tout au moins indifférens au Public, à leur postérité, à leurs héritiers même qui abandonneront leurs traits à la poussiere du galetas; ou qu'ils verront passer froidement d'un encan à la décoration des chambres garnies, pour en illustrer les Bergames.

Ne nous étonnons donc point que le Portrait soit le genre de Peinture aujourd'hui le plus abondant, le plus cultivé & le plus avantageux aux pinceaux même les plus médiocres. Son crédit est très-ancien, & il est fondé sur plusieurs bonnes raisons.

Quoique le goût général d'à présent pour les beautés d'une tapisserie de Damas, relevée par des bordures richement dorées & agréablement sculptées, ait banni des appartemens, comme un ornement ennuyeux & superflu, les tableaux d'Histoire, ceux en Portraits ont sçu les remplacer, & obtenir une exception de la mode, & de ses caprices en leur faveur.

L'amour propre, dont l'empire est encore plus puissant que celui de la mode, a eu l'art de présenter aux yeux & sur-tout à ceux des Dames, des miroirs d'elles-mêmes d'autant plus enchanteurs qu'ils sont moins vrais, & que par-là, ils ont chez le plus grand nombre la préférence sur les Glaces trop sincéres. Et en effet, quel spectacle est comparable, pour une beauté réelle ou imaginaire, à celui de se voir éternellement avec les graces & la coupe d'Hebé la Déesse de la jeunesse? d'étaler tous les jours sous l'habit de Flore les charmes naissans du Printems dont elle est l'image? ou bien parée des attributs de la Déesse des forêts, un carquois sur le dos, les cheveux agités avec grace, un trait à la main, comment ne se pas croire la rivale de ce Dieu charmant qui blesse tous les cœurs? L'exemple des vraiment belles à qui les attitudes avantageuses de ces Métamorphoses ont encore ajouté une nouvelle beauté, a séduit les moins aimables. Elles se sont imaginées jouir des mêmes graces dès qu'elles auroient les mêmes ajustemens. Elles n'ont pas douté que la jeunesse d'Hebé les vengeroit des insultes du Tems le moins galant & le plus impoli de tous les Dieux, persuadées que notre Sexe toujours complaisant, forcé de voir en elles deux phisionomies, préféreroit celle de la Déesse enfantine, à la Divinité douairiere, ou du moins qu'il leur tiendroit compte de leurs efforts, & du tems qu'elles perdent tous les jours à tâcher de lui ressembler. Après tout, est-il une erreur plus pardonnable au beau Sexe ? Si la vieillesse est l'enfer des jolies femmes, au sentiment d'un des plus beaux esprits de la Cour de Louis XIV. (*) pourquoi les Arts, & sur-tout la Peinture, ne s'efforcera-t-elle pas de leur cacher le déclin d'un état qui fait tout leur bonheur, & de leur éloigner, ou même leur dérober entierement, si la chose est possible, la vûe de ce qui fait leur plus grand supplice ?

Voici de quelle façon le goût de ces travestissemens s'allume chés la plûpart. Leur prompt succès auprès des jolies femmes frappe vivement celles qui le sont peu. Elles s'informent avec avidité du nom de l'auteur

---

(*) M. le Duc de la Rochefoucault.

de la Méthamorphose. On vole chés lui. Il a peu de peine à perfuader des miracles dont on est plus convaincu que lui-même. Il préfente la lifte de la Cour célefte. On choifit la divinité, on l'ébauche, on la finit. Enfin elle fait fon entrée dans le temple où elle doit être adorée ; à peine arrivée, tout applaudit, tout crie, c'eft vous-même, rien n'y manque que la parole. C'eft beaucoup. Cette parole lui feroit fouvent néceffaire pour dire, je fuis une telle. Enfin l'extafe & le raviffement finiffent par celui du Peintre qui s'en retourne célébré, admiré, & bien payé.

Au refte, je n'ai point à craindre que nos Peintres en Portraits prennent en mauvaife part quelques réflexions un peu égayées à leur fujet, & qu'elles réfroidiffent la paffion du Public pour ce genre de Peinture si fort à la mode. Tant qu'ils auront l'art de flatter leurs originaux, avec assez d'addresse pour les persuader qu'ils ne les flattent point, l'amour propre chés les deux sexes est un garant assûré d'un succès constant & d'une fortune au-dessus de la médiocre.

A ces causes principales du déclin de la Peinture parmi nous, plusieurs autres se joignent dont l'influence n'a gueres moins de force. Tel est aujourd'hui le goût violent & effrené chez les amateurs des Tableaux & les possesseurs de ces Cabinets qui font l'ornement de Paris, & les délices des connoisseurs, pour les Peintres Flamans. La prévention en leur faveur est portée à un point d'enthousiasme, qu'ils n'ont presque plus de prix dans les ventes. Voilà donc tous les ouvrages des grands maîtres d'Italie & de France, autrefois si précieux & si recherchés, presqu'entierement bannis de chez nos curieux. Ces Tableaux dont les sujets choisis pour être le théâtre & l'expression des grandes passions de l'ame, pour la remuer, pour inspirer, instruire & échauffer nos froids & stériles éleves, & pour porter les spectateurs à l'imitation des actions vertueuses & héroïques mises sous leurs yeux avec toute la science & le charme de ce bel art, & l'élevation d'un grand génie; ces Tableaux, dis-je, sont vûs avec indifférence, & sans nul attention à l'historique de leurs sujets, ni aux beautés majestueuses de leurs sçavantes compositions. Ils ont la confusion de se voir exilés, & remplacés par les ouvrages les plus bas & les plus grossiers, où l'on ne trouve nulle pensée, nulle dignité,

gnité, nul choix. Une écurie, une taverne, des fumeurs & des buveurs abbrutis, une cuisiniere accompagnée de tous les meubles ignobles de son laboratoire, un usurier décrépit, un médecin d'urine, un arracheur de dents, &c. voilà les sujets qui enchantent aujourd'hui nos curieux, qui excitent la jalousie entr'eux, & font pousser leur prix jusqu'à la déraison. Disons cependant un mot en faveur des Flamands. La suavité, la fraicheur & la naiveté de leur pinceau est très-séduisante, aussi bien que les effets magiques d'une lumiere de nuit directe ou réfléchie : leurs étoffes ont chés quelques uns un éclat, une souplesse, une vérité singuliere. Les Païsages en sont souvent agréables & bien traités. Les cieux & les arbres touchés avec beaucoup d'art & de légéreté. S'ils ont obtenu la préférence sur les grands Peintres des écoles d'Italie, c'est que la plûpart de ces derniers ont fait peu d'ouvrages excellens d'une médiocre grandeur, & que nos curieux ne possédent pas des lieux assez vastes pour les y pouvoir placer, n'ayant point les Palais immenses de ceux d'Italie. Une autre raison c'est que le choix de leurs sujets historiques n'est pas toujours heureux & intéressant. D'ailleurs les tems, où ont excellé ces grands Artistes, étoient des tems où les sujets de piété étoient fort goûtés. Pour l'ordinaire ces sortes de tableaux sont assez froids par leur répétition usée & par conséquent ennuyeuse, n'étant susceptibles d'ailleurs d'aucun épisode agréable. Les Moines, & la plûpart des sujets d'un Souverain Ecclésiastique, dont la dévotion est presque toute extérieure, se piquent d'avoir des Tableaux de piété pour la décence & sans en être plus pieux. Les Moines sur-tout, dont le crédit y est énorme, ont occupé les plus célébres pinceaux à peindre des Madones, à représenter leurs Fondateurs, & les Eglises leurs Patrons. C'est ce qui a produit cette fourmillere de Tableaux ridicules & indécens, où l'on voit un Moine en conversation familiere avec l'Enfant Jesus & la Vierge, & où celle-ci lui met entre les bras l'auteur de notre salut qui lui sourit ou le caresse. Ces monacales impertinences n'ont pas peu servi à avilir les tableaux de piété, qui sont aujourd'hui presqu'entiément tombés.

Après ce que je viens de remarquer sur les obstacles au progrès de la Peinture dans l'Ecole Françoise, soit par le peu d'encouragement & de fortune pour les beaux Arts, soit par le défaut de Mécenes puissans ou intelligens, soit enfin par les nouvelles décorations de l'intérieur des bâtimens, une ressource bien favorable à nos Peintres d'Histoire d'aujourd'hui, ce seroit de pouvoir orner les Cabinets merveilleux des Amateurs de ce bel Art. Ce n'est qu'à ces Curieux célébres, ces généreux protecteurs du bon goût, & les fléaux du médiocre & du frivole, que l'Histoire pourroit être redevable du rétablissement de son honneur & de ses progrès. Les Cabinets de M. *le Duc de Tallard* que je mets le premier & avec justice, par la collection que lui seul a fait dans cette ville des Tableaux des plus grands maîtres d'Italie, & où l'on en voit le plus après ceux du Palais Royal. Messieurs *de Julienne*,

Blondel de Gagny, de la Boüexiere, de Voyer, le Prince de Monaco, le Comte de Vence, Messieurs de Thiers, Gaignat, & plusieurs autres, leur donneroient chés eux des places extrêmement honorables. Le choix épuré des meilleurs ouvrages anciens & modernes, les excellens morceaux de sculpture en bronze & en marbre, embellis par le brillant des pâtes de Kiangsi, de Dresde & de Vincennes qui leur sont associées, la tournure gracieuse & recherchée de leurs montures, l'ordonnance élégante & contrastée dans la position de chaque piéce, espéce de distribution qui exige presque autant d'art & de goût que le choix même des piéces; tout cela forme aux yeux d'un connoisseur délicat un spectacle ravissant. Ces précieux Cabinets sont composés, & doivent l'être, de tous les genres de la Peinture. Quoique l'abondance de celui de l'Histoire en dût faire le prix, & le mérite capital, la diversité infinie des aspects rians & enchanteurs des Païsages, l'amenité & & la suavité des pinceaux Flamans si agréables, malgré la bassesse & le défaut d'intérêt dans leurs sujets, enfin jusqu'aux Tableaux excellens d'Animaux, ceux de Fruits & de Fleurs, genre de Peinture le plus médiocre, tous doivent entrer dans la structure de ces petits Temples du goût & des beaux Arts, dont ils font l'azile & le refuge le plus assuré contre l'ignorance de leurs anciens possesseurs, qui n'en connoissant pas le prix, les auroient laissés périr, ou dans l'obscurité, sans jouir des honneurs qui leur font dûs. Ils attirent en même tems les Etrangers & leur admiration, en faisant les délices de tous les connoisseurs de la Capitale.

Un moyen bien supérieur à celui dont je viens de parler, qui garantiroit notre Ecole d'un penchant prochain à sa ruine, & seroit digne de la grandeur & de la magnificence de notre Roi, le souverain d'une nation dont le génie est si heureux pour les beaux Arts, moyen dont l'exécution honoreroit infiniment ceux à qui S. M. daigne confier la protection qu'Elle leur accorde, & le soin de leur avancement, ce seroit de faire construire une vaste Gallerie ou plusieurs contiguës, bien éclairées, dans le Château du Louvre, ce Palais inhabité, quoique si digne de l'habitation de nos Monarques, qui fait encore l'admiration des Étrangers, & en même tems leur étonnement en le voyant abandonné, & son mépris porté au point d'y laisser élever aujourd'hui dans le milieu de sa cour, où devoit être placée l'image du Souverain, avec une Fontaine jaillissante dans un grand Bassin, autant pour l'utilité publique que pour la décoration qui en résultoit, de voir, dis-je, au milieu de cette cour un bâtiment pour un particulier à plusieurs étages, & en pierres de taille, pour durer très-long tems & ôter pour toujours à la Nation la vûe de l'intérieur de ce Palais, après l'avoir déja privée de celle de l'extérieur par l'assemblage indécent d'Ecuries, de Remises, d'Echopes, de Boutiques qui assiégent cet Edifice de tous les côtés, tant de celui des PP. de l'Oratoire, que du côté de la Colonnade qui regarde S. Germain l'Auxervois. Cette insulte qui vient d'être faite tout récemment au Louvre, & qui n'est pas encore achevée, (*) afflige de nouveau les bons citoyens, pénétrés de voir la maison de leur Roi deshonorée à ses propres frais, par ceux même dont le devoir de leurs charges seroit d'employer tout leur crédit pour arrêter des abus aussi hardis qui nous rendent la dérision de l'Etranger & du Voyageur exacts à marquer dans leurs Rélations que la Capitale du plus beau Royaume est la seule dans l'Europe où le Palais du Souverain soit imparfait, abandonné jusqu'à être découvert, & par-là exposé à une ruine totale. Cependant le Public espére beaucoup du zéle & de l'attention

―――――――――――――――

(*) On travailloit encore alors au premier bâtiment qui a été élevé dans sa cour.

de M. de Tournehem (*) Directeur Général des Bâtimens de Sa Majesté, & qu'il employera toute son autorité pour relever l'honneur & rétablir la décence de celui qui est sans contredit le premier des Bâtimens royaux, & qui par-là exige ses premiers soins. Les tems n'étant point assez heureux pour penser à une entreprise aussi considérable que celle de son achevement (quoiqu'il y eût cent moyens pour le faire finir, sans qu'il en coûtât quoi que ce soit à Sa Majesté) ce seroit une très-petite dépense de le mettre en attendant à l'abri des dépérissemens que la pluie & la neige y causent journellement, & de commencer par en faire couvrir la plus belle & la plus pré-

---

(*) Il est mort, & c'est aujourd'hui M. de Vandieres à qui cette place a été donnée.

cieuse partie, celle qui regarde S. Germain. Le bon citoyen espére encore de M. Tournehem qu'il bannira de la Maison de son Roi toutes les indécences choquantes qui l'environnent, & empêchera l'élevation des grands & petits Bâtimens sur-tout dans l'intérieur, qui avilissent un lieu respectable à toute la Nation. Ces attentions si dignes d'un Directeur des Bâtimens du Roi, lui feront un nom célébre & lui assûreront l'estime, la reconnoissance, & les cœurs de tous les honnêtes gens.

Le moyen que je propose pour l'avantage le plus prompt, & en même tems le plus efficace pour un rétablissement durable de la Peinture, ce seroit donc de choisir dans ce Palais ou quelqu'autre part, (*) un lieu propre pour

───────────

(*) De quelle connoissance le public n'est-

placer à demeure les chefs-d'œuvres des plus grands Maîtres de l'Europe, & d'un prix infini, qui composent le Cabinet des Tableaux de Sa Majesté, entassés aujourd'hui, & ensevelis dans de petites piéces mal éclairées & cachées dans la ville de Versailles, inconnus, ou indifférens à la curiosité des Etrangers par l'impossibilité de les voir (*). Une autre raison pressante pour leur donner un lo-

---

il pas redevable envers M. de Tournehem d'avoir bien voulu exécuter cette idée, & remplir les vœux de tout Paris & des étrangers en exposant les Tableaux du Cabinet du Roi dans le Palais du Luxembourg & arrangés dans un très-bel ordre.

(*) C'est ainsi qu'existoit anciennement la précieuse & immense Bibliothéque du Roi, rue Vivienne dans de petites piéces, avant que Monsieur l'Abbé Bignon, dont le nom sera éternellement cher à la Nation & célèbre parmi les Sçavans, eût fait construire le superbe Bâtiment où elle est logée aujourd'hui rue Riche-lieu.

gement convenable, & qui mérite une attention bien sérieuse, c'est celle d'un dépérissement prochain & inévitable par le défaut d'air & d'exposition. Quel seroit aujourd'hui le sort des Tableaux admirables du Palais royal, s'ils eussent été entassés pendant 30 ou 40 ans dans l'obscurité, & dans l'impossibilité d'être visités & entretenus par le défaut d'espace, tels que le sont depuis plus long-tems ceux du Roi ? Mais le Prince Régent qui en avoit fait le magnifique assemblage avec des soins incroyables, & transporter des Pays très-éloignés avec les précautions que méritoient l'excellence de leur choix, & leur grand prix, n'avoit garde d'enfouir ce trésor & le laisser dans la poussiere. Ce grand Prince qui aimoit les beaux Arts, & en connoissoit toutes les finesses, trèsconvaincu que leur perfection dans un Etat, & celle des Lettres, est la preuve la plus sensible de sa grandeur & de sa supériorité, leur accordoit les plus doux de ses loisirs, & faisoit ses plus cheres délices de la Peinture. Il en avoit étudié de bonne heure les principes, & s'étoit fait réveler ses mistéres par un Peintre habile (*). Ces mêmes mains qui avoient cueillis tant de lauriers dans le champ de Mars, ne dédaignerent pas manier les pinceaux & les craïons, afin de rendre ses connoissances plus sûres par la pratique. C'est uniquement à la sagacité de ses lumieres, & à la supériorité de son goût, que la France est redevable des chefs-d'œuvres auxquels il a donné un azile si honorable dans son Palais, & qui lui a fait une réputa-

---

(*) M. Coypel.

tion égale à celle des Cabinets les plus renommés de l'Europe. Ce fut pour les éclairer par les jours les plus favorables, qu'il fit ajoûter à ses appartemens ce magnifique Sallon où la lumiere est prise d'en haut par des vitraux & de grandes glaces. Si François I. s'est immortalisé pour avoir appellé chés lui les beaux Arts, & principalement la Peinture, la Nation aura l'éternelle obligation à Philippe de France d'avoir rassemblé & logé superbement dans la Capitale, le plus grand nombre des merveilles en cet Art visitées par tous les curieux de l'Europe, & honorées des plus grands éloges dans les pays étrangers. Quelle Ecole pour la Peinture que ces riches cabinets ouverts à tout le monde avec une facilité digne de la grandeur du Prince, où l'on s'instruit de toutes les manieres,

& de tous les âges de la Peinture ! Si les Tableaux de Sa Majesté surpassent ceux-ci en nombre & en valeur, comme on le dit sans pouvoir l'assûrer, n'y ayant jamais eu de Catalogue public, quelle perte pour les talens de notre Nation que leur emprisonnement ! Avec quelle satisfaction les curieux & les étrangers les verroient en liberté, exposés dans une habitation convenable à des ouvrages dont la plus grande partie est sans prix ! Telle seroit la Gallerie que l'on vient de proposer, bâtie exprès dans le Louvre, où toutes ces richesses immenses & ignorées seroient rangées dans un bel ordre, & entretenues dans le meilleur état par les soins d'un Artiste intelligent, & chargé de veiller avec attention à leur parfaite conservation. Par-là, ils seroient préservés de tomber

tomber dans la honteuse destruction de ceux du Palais du Luxembourg, le triomphe de la Peinture, & dont la possession nous est enviée par tous les Etrangers qui donneroient des sommes très-considérables pour avoir chés eux ces ouvrages divins & qui font le plus d'honneur au pinceau de l'immortel Rubens. Ils sont cependant du côté de la Cour presque détruits par la négligence des Concierges qui laissent les vitraux des croisées ouverts dans les jours les plus brûlans, (*) & dévorer à l'ardeur du Soleil depuis le midi jusqu'à ce qu'il soit entiérement couché, ces Tableaux sans prix, ces beautés que toutes les riches-

―――――――

(*) On a eu soin depuis d'arrêter un si grand dommage, & de garantir ces tableaux d'un plus grand dépérissement.

ses du Souverain ne pourroient aujourd'hui remplacer. Ce fut à Anvers que j'appris ce dommage irréparable, par un fameux Curieux de cette Ville nommé M. Van-haggen, qui fut frappé de l'indifférence de notre Nation pour ce qu'elle a de plus rare & de plus admirable en ce genre, sans en excepter nos plus belles Peintures des maisons royales. Il me fit encore part de la douleur qu'il eut dans les jardins de Versailles, lorsqu'il y vit nos plus belles Statues, & sur-tout les deux incomparables du célébre Puget, le Milon, & l'Andromede égales aux plus parfaites de l'Antique, & même supérieures, au jugement de plusieurs habiles Sculpteurs Italiens, & qui mériteroient bien mieux l'honneur d'être dans les appartemens à l'abri de la gelée & des outrages de l'air, que celles qu'on y conserve si précieusement, qui n'ont d'autre titre de vénération que leur extrême vieillesse & d'être venues d'un pays très-éloigné ; lorsqu'il les vit, dis-je, écurer comme la plus vile vaisselle avec du gros sable, & en enlever non-seulement le poli, mais encore (ce qui est irréparable) cette peau, ce précieux épiderme, où les rameaux des veines, & toute la finesse de l'imitation se faisoient admirer. Il se rappella les tems malheureux où les Barbares vinrent fondre dans les Gaules, & détruire nos temples, nos édifices, nos statues, en voyant nos mains, nos propres mains travailler à effacer les finesses de l'art du Puget, qui sçavoit donner à la matiere le mouvement, la respiration, & même la plainte & la souffrance. Le Sieur le Moine le Fils excellent Sculpteur, lorsqu'il travailloit à Versailles, m'a parlé plus d'une fois avec larmes, de celle que lui causoit ce barbare spectacle.

L'intérêt pour la gloire de notre Nation par la conservation des beautés rares qu'elle possède, m'a un peu écarté de mon sujet. Je reviens donc aux avantages de ce dernier moyen que j'ai proposé en faveur de la Peinture.

Quel motif d'émulation seroit plus piquant pour nos Peintres d'à présent, que l'honneur d'obtenir des places dans cette Gallerie royale à côté de tant d'hommes illustres de tous les pays & sur-tout de l'Italie, qui composent l'immense & sçavante collection des Tableaux des Cabinets du Roi ? Honneur d'autant plus flatteur, qu'il ne seroit accordé ni à la brigue, ni à la protection des Grands, ni aux caprices des Directeurs subordonnés, ni à l'éclat passager des frivoles beautés de la mode qui excitent tous les jours les cris d'admiration des Petits-maîtres des deux sexes. Ces juges subalternes, ces frivoles garants d'une immortalité hebdomadaire à nos enlumineurs d'estampes, n'auroient point de voix pour leur ouvrir l'entrée de ce Sanctuaire. Ce seroit au titre seul d'une réputation décidée, & appuyée sur plusieurs excellens ouvrages marqués au sceau d'un suffrage général & de l'admiration publique, que cette précieuse distinction seroit accordée.

Après avoir parlé des avantages & de l'émulation que donneroit à nos Peintres d'Histoire, des places honorables à leurs ouvrages dans les Cabinets des Curieux, ou dans une Gallerie au

Louvre bâtie à ce deffein, & où l'on choifiroit les jours les plus favorables, attention abfolument néceffaire pour faire jouir le Public & fur-tout les connoiffeurs, de toutes les beautés, & de la fineffe des détails toujours précieux dans un excellent tableau d'Hiftoire, je vais encore hazarder quelques réflexions pour guider les pas de nos Artiftes, & les foutenir dans une carriere fi pénible, & où il eft fi rare d'approcher de la perfection.

Je les détournerai autant qu'il me fera poffible de s'amufer à d'autres genres fubalternes fous prétexte de délaffement, tel que celui des Bambochades. Tout le monde fçait la facilité qu'il y a de compofer un ouvrage où toutes les licences font permifes, & où les fujets les plus vulgaires & les plus bas font toujours bien reçus. Je pense qu'il est impossible que de si vils amusemens n'affoiblissent & n'abbaissent considérablement le génie d'un Peintre Historien, s'il n'a pas assez de fermeté pour résister aux goûts & aux applaudissemens des personnes enchantées de ces sortes de productions, & qui pensent comme le peuple uniquement sensible aux représentations des sujets qui lui sont familiers & proportionnés à la petitesse de ses idées. Il est très-important à un Peintre qui aspire dans la carriere de l'Histoire à y remporter le prix, de rechercher les gens d'esprit, & d'aimer la bonne compagnie. Le caractere de bienséance, de dignité, & de noblesse répandu dans leur conversation & dans leurs propos, passera infailliblement dans ses ouvrages, en relevera les beautés, & les rendra les délices des honnêtes gens. Je sçai la réponse de leurs auteurs, que ces sortes d'ouvrages servent à les délasser de la pénible contention, & des fatigues de l'esprit dans les grandes compositions ; que ces amusemens ne leur coûtent ni pensées ni réflexions, & moi je leur assûre un déclin infaillible dans leur art, ou tout-au-moins un défaut de progrès, s'ils persistent quelque tems à se familiariser avec ces basses idées. Ils ne me persuaderont point que l'on puisse atteindre à une maniere originale & éloquente, à un stile grand & élevé dans le genre de l'Histoire sans beaucoup de réflexions & une forte application, sans des études assidues d'après les expressions vives de la nature, mais rapides & très-difficiles à saisir dans la vérité, enfin sans des recherches approfondies & souvent

vent mises en œuvre. L'on voit par-là que les loisirs d'un Peintre qui veut se faire un grand nom dans l'Histoire, sont rares & précieux. Après s'être aquité de ce qu'il doit à sa religion, à sa famille, à ses amis & à la société, devoirs indispensables, quel tems pourra-t-il prendre pour servir de relâche aux travaux de sa profession, s'il employe le seul qui lui reste, à composer des tableaux d'un autre genre ? Quels sont les délassemens d'un vrai Peintre Historien ? C'est de lire & d'étudier nos meilleurs livres d'Histoire & de la Fable : d'y démêler les sujets non-seulement intéressans & pittoresques, mais encore rares, singuliers, & qui attachent le spectateur par leur nouveauté. Son sujet choisi & arrangé dans son esprit, il en jettera tout de suite les idées sur le papier dans leur premiere chaleur sans leur donner le tems de se réfroidir, ce qui est bien essentiel, & a été pratiqué par tous nos grands Poëtes & nos Ecrivains célébres. C'est de nourrir & d'enrichir son imagination par la revûe des dessins qu'il aura remplis des plus belles idées de nos grands Maîtres qui l'auront frappé, & par la revûe dans ses Estampes des merveilles de nos excellens Peintres anciens & modernes, de méditer profondément sur leurs beautés, de s'efforcer d'en découvrir la source, & le germe heureux qui a enfanté cette vie, cette vérité d'expression, cette intelligence admirable qui forme le bel ensemble & la liaison de toutes les parties de leurs sublimes compositions. Il emploira encore ses loisirs à étudier la partie du Costume, c'est-à-dire, la réligion, les mœurs, les habillemens, les bâtimens, les sites, les arbres même de chaque pays, de chaque nation, & sur-tout de celle qui fait le sujet du Tableau auquel il travaille.

Voilà les routes qui ont mené les Raphaël, les Poussin, les Rubens, les le Brun, les le Sueur, & quelques autres sur le sommet de cette montagne escarpée où est placé le temple de l'immortalité.

Les veilles & la peine enfantent les Héros,
Et les avares Dieux vendent tout aux Travaux.

La plûpart de nos Peintres sont peu inventeurs, parce qu'ils sont peu studieux & rares lecteurs. L'ignorance est fille de la paresse, & compagne inséparable de la médiocrité. Ennemie de l'émulation, elle rétrécit les talens, &

laisse nonchalamment à ses rivaux laborieux la gloire de l'Invention, contente de ramper
obscurément dans la foule des Co-
pistes, semblable à ces animaux
qui n'osent porter leurs pas que
sur ceux qui les précédent. Tous
les fameux Peintres en Histoire
n'ont ravi le titre de grands
hommes & l'immortalité, que
parce qu'ils ont tous été amateurs
du sçavoir. Leurs Ouvrages sont
des livres ouverts, & une langue
intelligible à toutes les Nations,
où tout parle, où tout instruit.
Nulle circonstance essentielle au
sujet n'y est omise, & leur voix
qui se fait entendre aux regards,
pénétre souvent l'ame plus profondément, que les plus éloquens
écrits.

Un autre secret presque infaillible pour trouver la route du
cœur des spectateurs, & arriver

par conséquent à un succès certain, c'est non-seulement de choisir un sujet intéressant, mais encore d'y jetter tout l'intérêt dont il est susceptible. C'est ce seul talent qui fait la fortune des ouvrages d'esprit & de ceux du Pinceau. Un Historien, un Poëte, enfin tout écrivain qui ignorera l'art d'intéresser, jouira sûrement du don d'ennuyer. L'ame désire fortement & sans cesse d'être attendrie & remuée, d'être tirée de ce repos, de cette langueur, source infaillible de l'ennui, de tous ses états celui qui lui est le plus insuppoatable. Les seules passions peuvent l'en délivrer. Elle aime à en partager le trouble, la fureur ; & leurs plus violentes secousses sont souvent celles qui lui donnent le plus de plaisir. Il faut donc pour cet effet bannir des compositions pittoresques, tout épisode froid & oisif, qui amuse les yeux sans affecter l'ame, qui divise l'intéret en détournant les regards du spectateur, & les empêche de se porter à l'objet essentiel. C'est ce que Raphaël, le Poussin & le Brun ont observé avec une sévérité inflexible. On en voit en faveur de ce dernier, un exemple bien frappant dans la composition du Tableau de la famille de Darius dans sa tente. Ce grand maître dans l'art de peindre les passions, a exprimé avec une science supérieure tous les divers mouvemens qu'excite l'arrivée du vainqueur du Roi de Perse chés toutes ces Princesses & même dans les personnes de sa suite. La soumission, le respect, la confiance, l'admiration forment les phisionomies de Sisigambis, de Statira & du jeune Prince. L'étonnement, la crainté, la terreur, l'abbatement caractérisent les ames basses & timides de leurs esclaves, sentimens conformes à leurs états. Un trait encore remarquable dans cet ouvrage qui fait honneur au grand sens de cet excellent Peintre l'Homere & le Quinte-Curce de Louis XIV, c'est d'avoir pensé que la clémence, cette vertu si estimable dans les Souverains, est toujours froide dans la représentation ; & d'avoir imaginé l'heureux effet que produit l'erreur de la mere de Darius en prenant Epheſtion pour Alexandre, trompée par l'avantage de la taille & de l'air du favori sur celui du Héros ; ce qui occasionne à ce dernier l'action de saisir le bras d'Epheſtion, & de dire à Sisigambis ce beau mot, *Qu'elle ne se trompoit point, & qu'il étoit un autre Alexandre.* Beaucoup d'étrangers ont été jaloux de la perfection de notre école sous Louis XIV, sur-tout dans les ouvrages de ce grand Peintre, & particulierement dans celui-ci. Un Nonce Italien entr'autres à qui on le faisoit admirer à Versailles, piqué des éloges qu'on lui donnoit dans un tems où l'on rendoit plus de justice qu'aujourd'hui au vraies beautés, & dont la nouveauté ne faisoit pas le seul mérite aux yeux de la nation, ce Nonce voulut donner la préférence sur le tableau des Reines de Perse, à celui des Pelerins d'Emaüs de Paul Veronese qui est vis-à-vis, & dit en le montrant : Il a un mauvais voisin. *Hà un cattivo vicino.* Mais les plus grands Peintres même d'Italie n'ont pû refuser au François la supériorité sur l'Italien dans la Perspective, la sçavante ordonnance, & surtout dans l'expression des sentimens qui est la partie de l'esprit & par conséquent la plus sublime. Le tableau de Paul Veronèse n'a pour lui que la couleur qui, à la vérité, est admirable ; mais nul plan, nulle perspective, nulle pensée, des Episodes bas & sans génie, qui loin d'être rélatifs au sujet, semblent n'y être mis que pour débaucher l'attention du spectateur.

Je ne dirai qu'un mot en faveur du Poussin sur la sévérité dans le choix des Episodes, & l'observation du Costume. Rien n'étoit mis au hazard sur la scène de ses Tableaux, & sans une raison rélative aux lieux, aux tems, aux mœurs, à la Religion dans les sujets de l'Histoire qu'il exposoit aux regards. Les bâtimens, les Temples, les Idôles,

les habillemens, tout parloit, tout inftruifoit dans cette Poëfie muette qui n'a que le moment d'une action rapide, privée de circonftances précédentes & préparatoires, pour amener l'efprit du fpectateur à l'événement que le Peintre, a choifi & en éclairer le fujet. Sans la pratique de cette loi importante, l'Hiftorique en Peinture, dont le but'eft d'inftruire par l'agrément, devient un travail & une énigme pour le fpectateur qui le fatigue & fouvent le rebute.

Pourrois-je finir mes Réflexions fur les Tableaux d'Hiftoire, fans parler du Coloris qui en fait tout l'éclat & le mérite le plus brillant, fur-tout dans les teintes des chairs où la vie & la vérité font fi difficiles à faifir ? On a toujours eftimé cette partie la plus enchantereffe des trois de la Peinture, celle qui appelle le spectateur, & qui constitue son nom & son caractere. Le Peintre qui n'excellera que dans la partie du Dessin, ne sera jamais qu'un grand Dessinateur. Cette correction se peut même acquérir à un certain point par une étude opiniâtre. On placera au rang des grands génies & des hommes d'imagination, ceux qui mettront beaucoup de feu, des traits singuliers & poétiques dans leurs ouvrages, & dont la veine sera féconde & riche en inventions ; mais ce ne seront point encore là de grands Peintres, s'ils ne nous enchantent par la couleur. On estimera un excellent Géométre celui dont on admirera l'art & la science des raccourcis, & des illusions étonnantes de la Perspective, mais l'on ne pourra jamais concevoir un Peintre parfait sans la partie du

Coloris. C'est son charme qui m'attire par le brillant éclat des objets imités, & cette imitation portée au plus haut degré, est souvent plus séduisante & plus enchanteresse que le vrai même auquel elle ajoûte par le choix de ce qui est le plus beau dans la nature, & dont on ne sçauroit trouver l'assemblage que par un heureux hazard qui n'arrive presque jamais; ce qui excite en nous un double plaisir dans le même instant, celui de voir la plus belle Nature, & d'admirer en même-tems l'art & la magie de l'imitateur qui nous trompe si agréablement. Et il ne faut pas croire que cette haute intelligence du Coloris, & cet artifice de séduction soient aisés. Parmi le grand nombre de Peintres célébres dans les Ecoles, combien peu de bons coloristes ? Leur rareté ne doit point nous étonner. Quel art pour conserver la pureté des teintes vierges & primitives, & les faire cependant monter à ce dégré éminent de fraîcheur & de lumiere par le mélange des demi teintes, sans altérer ni fatiguer les couleurs simples & fondamentales ! Quelles recherches infinies pour trouver les tons vrais de ces demi teintes, ou plutôt quel heureux hazard dans leur découverte ! Je dis un heureux hazard, puisqu'un si grand nombre de Peintres ont passé leur vie à chercher la vérité & la perfection dans la couleur des chairs, sans avoir pu y réussir.

La plûpart de nos Peintres François modernes, non seulement négligent l'éclat & la vérité dans cette partie si séduisante, mais encore les moyens d'en affermir la durée. Souvent dix & vingt années au plus suffisent pour emporter, ou tout au moins affoiblir la couleur de leurs Tableaux au point de les rendre méconnoissables. Nous en avons un exemple bien sensible & bien douloureux en même tems dans ceux de Vatteau, ce Peintre si ingénieux, si agréable, si enchanteur, enfin si original, & qui a enfanté une foule d'imitateurs si médiocres. Quels sont aujourd'hui la plupart de ses ouvrages ? Un assemblage rebutant de dissonances & de couleurs sans couleur, qui ne laissent à ses figures ni vie ni caractere.

Je sçai que l'art d'employer les couleurs contribue beaucoup à leur durée, mais la source de leur ruine vient aussi dans la plupart de nos Peintres François de leur négligence en cette partie, & de la mauvaise qualité de celles qu'ils achetent toutes broïées. La perfection dans leur choix a fait l'objet des recherches les plus pénibles des grands Coloristes Flamands & Italiens. Ils n'ont épargnés ni dépenses ni voyages pour tirer leurs couleurs primitives & essentielles des pays étrangers les plus éloignés, & pour les puiser dans leurs sources. L'économie de l'Azur d'Outremer, qui est fort cher, est la cause la plus ordinaire de l'altération du Coloris dans les teintes des carnations. S'il est bien employé & sans ménagement, il a la propriété inestimable d'éterniser la fraicheur & le sanguin des chairs. L'on n'y est jamais trompé quand on n'a point d'égard à la cherté de son prix, mais cette considération fait souvent préférer à nos Peintres l'azur de l'Europe que l'on trouve en France & en Allemagne, au seul excellent qui se tire de la

Perse & des grandes Indes.

Nos jeunes Artistes doivent donc faire tous leurs efforts pour chercher la belle nature dans une partie aussi essentielle à la Peinture que celle du Coloris. Elle avoit été presque de tous les tems l'écueil de l'Ecole Françoise, & l'Italie jouissoit avec fierté d'un si grand avantage, lorsque l'illustre le Moine, que son Plat-fond de Versailles a immortalisé, lui enleva cet honneur & égala en ce genre les plus grands Peintres de ses Ecoles, sans en excepter la Venitienne.

Mais quelques éloges que j'aie donné à la partie du Coloris, je ne puis trop exhorter nos jeunes Peintres d'Histoire à ne point se relâcher dans celle du Dessin, où nous avons si fort excellé dans le siècle de Louis XIV. soit en Peinture soit en Gravure, & qui n'est aujourd'hui aujourd'hui que trop négligée dans l'une & dans l'autre. Quelle exactitude & quelle hardiesse de Dessin dans les ouvrages du Poussin, de le Brun, de le Sueur, de le Clerc & quelques autres ! C'est en vain que l'éclat d'un beau Coloris m'enchante, je ne serai pleinement satisfait, & il manquera toujours quelque chose à mon plaisir, lorsque je le verrai briller sur des parties qui me blessent par les défauts de leurs proportions & de leurs contours. Que nos Artistes n'oublient jamais que Raphaël ne s'est élevé à la primauté dans son art, après le génie sublime & la magnificence de ses compositions, que par son extrême sévérité dans le Dessin dont il avoit approfondi toute la science, où il ne s'est jamais permis aucune licence, & dont il semble avoir préféré la perfection & la supériorité à celle du Coloris.

Une chose encore bien essentielle aux Peintres qui se destinent à l'Histoire, c'est de se rendre habiles dans la science de la Perspective & de l'Architecture. Quel ornement plus majestueux & plus superbe l'Histoire peut-elle employer pour enrichir le théâtre de ses événemens? Combien sa magnificence ajoûte de dignité à celle de ses sujets! Tous les grands Peintres qui ont sçu l'employer, & qui en ont connu les beautés, en ont tiré des richesses & des secours surprenans. Je ne parle que de ceux qui ont sçu les régles de la belle Architecture, qui ont possédé l'intelligence de ses magnifiques effets, rien n'étant si choquant dans un Tableau que l'Architecture maltraitée, dont les proportions sont vicieuses, ou qui péche dans la distribution des lumieres ou des ombres répandues mal-à-propos sur les masses. Nous n'en avons que trop d'exemples dans l'architecture pesante & barbare de Paul-Veronèse, de Rubens, & dans celle de la plupart de nos Peintres François d'aujourd'hui.

La science de la Géométrie & de la Perspective y est encore plus absolument nécessaire, puisque sans elle toute composition ne sera qu'une confusion insupportable à l'œil. C'est la diversité des plans qui doit régler la position des Groupes, leur ton de couleur, & leur dégradation, & c'est ce que la seule Géométrie enseigne. Dans quelles absurdités sont tombés de grands Peintres par l'ignorance de cet Art, & entr'autres ceux dont je viens de parler Paul-Veronèse & Rubens? Parmi nos François le Poussin, le Brun,

& le Sueur l'ont obſervé avec une intelligence admirable. Ce dernier ſur-tout y a excellé. Dans le grand nombre de ſes ouvrages on en voit un exemple remarquable aux Chartreux de Paris, c'eſt le tableau de la mort de S. Bruno. Il n'y a pas une figure dont la poſition ne concoure au point de vûe de la ſcene comme à ſon centre, qui eſt le viſage du S. expirant. Ce tableau eſt un rare chef-d'œuvre aux yeux des connoiſſeurs par le grand nombre de beautés qu'ils y découvrent. Telle eſt la variété des effets de la lumiere des flambeaux dans les mains des aſſiſtans, répandue avec une ſcience étonnante ſur chaque figure, & qui produit des oppoſitions de clair obſcur admirables. Telle eſt la vérité, la ſimplicité & la facilité des Draperies de leurs habits ſi peu avantageux à sa composition par l'uniformité de la couleur & de leurs figures, qui y font cependant beauté sans aucune monotonie. Enfin la variété des phisionomies de tous ces Religieux & de leurs attitudes dont aucune n'est oisive, exprime leurs sentimens divers par la science de peindre l'ame que cet homme unique a possédé dans le plus haut dégré de perfection.

On peut encore admirer les effets de cette science de la Perspective & de la bonne Architecture dans les ouvrages immortels du sçavant & ingénieux le Clerc, Graveur célébre, dans ses belles compositions des siéges de Louis XIV, dans ses tableaux de l'Histoire sacrée, dans le Poëme de S. Paulin, dans ses Mausolées, ses vignettes agréables, &c. C'est-là que l'on pourra voir & éprouver le plaisir que donne à nos yeux la grande intelligence de l'Architecture & de la Perspective.

J'ai déja parlé des Portraits dans ces Réflexions, & j'ai peu de chose à ajoûter. Quelque avantage qu'ayent ceux à l'huile sur le Pastel, soit par la difficulté d'exceller dans les premiers, soit par la solidité de leur durée, je dois à ces derniers de grands éloges par le dégré de perfection où leurs habiles Auteurs ont porté depuis quelque tems cette espéce de Peinture. Quels regrets pour les amateurs, que leurs finesses, & la vérité de leur imitation dans les chairs & dans les étoffes, qui égalent souvent la nature au point de tromper parfaitement le spectateur, que leurs beautés, dis-je, soient presque aussi fragiles que la glace qui les défend, & exposées à périr, ou du moins à être considérablement altérées par la chute du tableau, ou par la pénétration de l'humidité des lieux, & nous n'en avons que trop d'exemples.

Si j'ai blâmé ci-devant dans les Portraits les déguisemens ignobles & subalternes, je ne sçaurois trop approuver les caracteres empruntés de l'Histoire sacrée & profane, ou de la Fable. Tels sont à l'égard de la premiere les S. Jean-Baptiste, les S. Pierre, les Madeleines, &c; & de la seconde les Alexandre, les Césars, les Augustes, &c. Dans la Fable une infinité, Minerve, Pallas, Bellone, Diane, Hébé, Mars, Hercule, &c. Un autre genre d'allégories très-décentes, & aujourd'hui très-peu intéressantes, c'est celui des vertus morales & civiles que Paul-Veronèse, Rubens, le Brun & plusieurs autres ont employées avec succès,

La Religion, la Piété, la Foi, la Vigilance, la Force, la Justice, le Courage, la Générosité, &c. les personnes sensées préféreront toujours de faire passer leurs traits à la postérité sous d'aussi dignes attributs, & des emblêmes aussi honorables, que sous ceux d'un Ramoneur, d'un Qinze-vingt, d'un Moine mendiant, &c.

Une attention bien nécessaire, & que n'ont pas toujours eu nos grands Maîtres & sur-tout Rubens, dans le choix & l'expression de ces emblêmes, c'est de les étayer d'attributs assez clairs pour les entendre, & ne les rendre ni équivoques, ni énigmatiques.

Encore un avis de la part du public à nos Peintres en Portraits, très-intéressant pour eux & encore plus pour l'honneur des personnes qu'ils divinisent, c'est d'employer

ployer toute leur éloquence & leur fermeté à leur perfuader la vrai-femblance dans le choix des Divinités & de leurs ajuftemens, pour échapper aux railleries malignes & meritées des fpectateurs. Si l'on eftime avec raifon une Dame fenfée dont l'allégorie ou les ajuftemens feront affortis à fes traits, & conformes à fon âge, ne doit pas avec autant de juftice ridiculifer ces vieux vifages, qui laids & furannés empruntent les galans attributs de la Déeffe de la jeuneffe, & fe font charger de rubans & revêtir de nœuds de couleurs? Du mépris de la folle Déeffe, on paffe à celui de l'auteur du Portrait que l'on accufe, & fouvent injuftement, d'avoir imaginé ces Apothéofes extravagantes par une baffe complaifance ou par un aveugle intérêt.

Z

Les Peintres de Portraits tombent encore dans un défaut de convenance, dont il est à propos de les faire appercevoir. C'est d'attacher fixément sur le public, les regards de ceux à qui ils donnent quelque occupation. Quoi de plus froid & de plus opposé à la vérité qu'une figure qui tient un livre ou une plume, appuyée sur une table en disposition d'écrire, ou un compas sur un Globe, sur un dessin, de la voir, dis-je, détourner ses regards du sujet de son action pour contempler sans aucune nécessité le spectateur & les passans. Les regards vagues & indifférens ne conviennent qu'aux personnes qui ne pensent ni n'agissent. Ces Portraits à la vérité sont froids & nullement intéressans, mais à l'abri de la juste critique de ne point faire ce qu'ils font.

Ce défaut d'attention est encore plus remarquable dans les Tableaux où sont représentées deux ou trois figures, & quelquefois des familles entieres, & où l'on ne voit aucun personnage parler à un autre, ni même le regarder. Image parfaite d'un assemblage de Statues, ou de ceux qui jouent à table à la Méduse, sorte de jeu, ou au bruit d'un signal chacun reste à l'instant immobile & garde exactement l'attitude où il est surpris, pour représenter la fable de la tête de Méduse qui pétrifioit tous ses spectateurs.

Quoique je n'aye eu dessein de parler que de la Peinture, je diraic ependant un mot des Sculpteurs. On ne sçauroit trop admirer les talens, & le nombre de ceux qui se distinguent aujourd'hui. (*) Loin de leur donner des avis pour la perfection dans leur Art, la plûpart de leurs ouvrages pourroient servir de régle & de modéle à tous les Artistes de l'Europe en ce genre. Tout le monde convient qu'il est infiniment plus aisé d'exceller dans la Peinture que dans la Sculpture. Privé de tous les avantages du pinceau, elle n'a pour elle que la voix de l'action, le langage de l'attitude, les graces de la position & la perfection du dessin. Que de secours dans la Peinture! La vie & le sang des carnations, la vivacité de l'œil, siége de toute l'expression de l'ame, & de ses passions : la variété des tons & des couleurs dans les Draperies,

---

(*) Mrs. Bouchardon, le Moine, les freres Adam, Pigal, Michel-Ange-Slodz, Sali, Falconet, &c.

& leur harmonie : le bel enſemble des groupes : l'éloquence des Epiſodes : la diverſité des plans : la force des devans & des terraſſes : la beauté des fonds ſoit d'Architecture, ſoit d'un charmant Payſage : l'heureux effet des Ciels & des lointains ; tous ces ſecours ſi favorables à l'illuſion & à la magie de la Peinture, manquent totalement au bel art des Phidias & des Praxitele pour plaire & pour émouvoir, ſeuls objets de ces deux Arts. Un très-petit nombre de Sculpteurs les ont parfaitement remplis. J'en excepte les Grecs, nation ſi étonnante pour les beaux Arts, qu'elle en a été preſqu'en même tems l'aurore & le midi par les graces majeſtueuſes & la ſublimité de ſon génie, auquel tous les efforts de Rome n'ont pu atteindre, quelque admirables que ſoient ſes ouvrages sous l'empire d'Auguste. Ceux du siècle de Louis XIV. ont disputé la primauté à ces derniers, sinon par le nombre, du moins par la vérité & la fierté des expressions. Les Puget, les Coyfevox, les Girardon, les le Gros, les Coustou, les Flamand, les Tubi, les Marsy, & plusieurs autres ont produit des chefs-d'œuvres en ce genre qui seront immortels, si nos neveux François les estiment leur prix, & leur accordent, ce que ce siècle leur refuse. La Sculpture n'ayant donc, pour rendre la nature avec une certaine supériorité, que le beau choix des positions & des attitudes, & la perfection du dessin, nos jeunes Artistes doivent employer tout leur tems & toutes leurs forces à y exceller. Mais c'est sur-tout le choix des Sujets qui doit épuiser leurs veilles &

leurs travaux. Il en est très-peu qui soient propres à réussir éminemment en sculpture ! Un sujet sans action, & qui n'exigera aucun mouvement dans la tête ni dans les bras des figures, sera toujours froid & peu susceptible d'intérêt. Par cette raison les vertus morales & civiles sont très-difficiles à traiter avec un succès distingué. La Prudence, la Modération, la Générosité, la Clémence, &c. Il n'en est pas de même des Sciences & des Talens. L'Eloquence, par exemple, de quel feu, de quelle véhémence d'expression n'est pas susceptible l'attitude d'une figure qui doit peindre le talent d'un vrai Orateur, assez puissant pour ébranler toute l'ame de celui qui l'écoute, pour la maîtriser, & la mener où il lui plaît, pour enflammer ou éteindre les passions ? Quel talent plus propre à donner du mouvement au marbre & au bronze, & à peindre les Graces que celui de la Danse ? Je ne l'ai cependant point encore vûe représentée à mon gré. La figure qui en porte le nom au Jardin du Palais Royal, est d'un froid & d'une attitude à glacer. C'est du choix heureux d'un instant rapide & intéressant, saisi soudainement & exprimé avec force & avec vérité, que dépend l'effet & le succès de la plûpart des ouvrages de ce bel Art.

Après avoir parlé de la Peinture & de la Sculpture, on s'attend sans doute à trouver ici quelques réflexions sur le plus sçavant de tous les Arts, & celui qui exige le plus de connoissances pour y exceller, & c'est l'Architecture. Quoiqu'elle soit placée ici la derniere, on lui doit cependant la préférence sur les deux autres qui n'ont qu'un mérite d'agrément & de décoration, celle-ci réunit à ces deux avantages celui d'une utilité très-importante à la société. L'Architecture est de tous les Arts le plus grand, le plus majestueux, & le plus frappant. C'est lui qui annonce aux Étrangers & à tous les peuples du monde la richesse & la puissance d'un Empire, & en même tems l'étendue ou la médiocrité du génie d'une Nation, selon que ses Temples, ses Palais, ses Hotels publics & particuliers sont bien ou mal conçus & proportionés. Leur magnificence est l'époque la plus visible & la plus durable des Regnes heureux & pacifiques, & la grandeur ou la médiocrité de leur caractere, la preuve authentique & éclatante de celui du goût du Souverain.

De tous les monumens élevés

sous le regne éternellement célébre de Louis XIV., le seul Péristile du Louvre eût été suffisant pour l'immortaliser. Sublime par la majesté de sa composition, par la justesse & la perfection de ses proportions, il a surpassé non-seulement tous les Edifices des Rois ses prédécesseurs, mais encore tous les ouvrages d'Architecture des Empereurs d'Orient & d'Occident. Il n'est point de François ni même d'Etrangers, qui ne gémisse de son état, & qui ne déplore l'aveuglement de notre Nation, & son indifférence qui tient de la barbarie, pour le plus bel ouvrage qu'elle ait jamais conçu & enfanté, & qu'elle laisse tranquillement périr. L'on en seroit beaucoup moins étonné si ce Royaume étoit déchu au point de n'avoir plus d'Architecte, ni personne qui présidât aux Edifices publics & aux Palais de notre Monarque. Mais que cet état jouiſſe encore de tous ces avantages, que le Souverain ait des revenus plus conſidérables que tous ſes prédéceſſeurs ; qu'il y ait des Académies d'Architecture où l'on enſeigne les régles & les belles proportions de cet art, qu'il poſſéde de bons Architectes, & qu'il n'y en ait aucun de tous ceux qui approchent la perſonne du Roi, aſſez zélé pour la gloire de ſa Nation & l'honneur de l'art qu'il profeſſe, & dont par conſéquent il doit mieux ſentir les beautés que qui que ce ſoit, qu'il ne s'en trouve, dis-je, aucun qui ait daigné parler en faveur du rétabliſſement, ni même de la conſervation de ce beau monument ; voilà ce qui ſurpaſſe toute croyance & fonde un étonnement d'une eſpéce inouie, & dont il n'y a point eû, & n'y aura peut-être jamais d'exemple.

L'on a dû être bien moins surpris que le bel Arc-de-triomphe du fauxbourg S. Antoine imaginé par le même auteur du Péristile du Louvre, n'ait pas été achevé; & que celui qui présidoit aux Bâtimens publics, en ait fait arracher jusqu'aux fondemens pour n'en laisser aucun vestige, par un caprice qu'aucun nom ne sçauroit qualifier. C'étoit dans un tems de minorité, tems toujours orageux, où il s'agissoit de fermer les playes que les dernieres années du régne précédent avoit fait à l'Etat. Il s'agissoit d'y rappeller l'abondance & la confiance qui en étoit bannies, & de soulager les peuples qui gémissoient sous le poids des besoins. Il s'agissoit enfin d'apporter un reméde prompt & réel à des maux pressans. De si importans objets autorisoient la distraction du Régent de ceux qui l'étoient beaucoup moins. Mais l'Etat s'étant relevé de ses chûtes & de sa langueur par la force de sa constitution & de ses ressources, & ayant joui pendant un grand nombre d'années d'une profonde paix si favorable aux Arts, & jouissant encore aujourd'hui de nouveau d'un si grand bien, cet oubli entier, & cette indifférence pour sa gloire surpasse l'intelligence de tout homme qui pense, & de tout François citoyen.

Je reviens aux Ouvrages d'Architecture élevés sous le siècle fortuné des Arts, celui de Louis XIV. Après le Louvre & l'Arc-de-triomphe dont je viens de parler, celui de la porte S. Denis sera toujours admiré comme un Edifice d'un goût excellent par la justesse exacte de ses proportions,

& la sçavante harmonie de l'ensemble. L'Hôtel des Invalides, son beau Portail du côté de la campagne, & la coupe admirable de son Dome. L'Observatoire du fauxbourg S. Jacques; l'immense façade du Château de Versailles qui regarde les jardins; la superbe idée de son Orangerie, ses Ecuries, enfin tous les Edifices publics annonceront éternellement à la postérité la grandeur & la magnificence du goût de ce Monarque.

Un abus dans cette ville bien sensible aux Citoyens, & dont il n'est pas aisé de concevoir la durée, c'est que la plûpart de ses beaux Edifices soient interdits à nos regards, & qu'ils soient non-seulement méprisés, mais que l'on nous défende encore de les admirer. Telle est la Façade du Louvre, le Portail S. Gervais, celui de S. Sulpice, la fontaine de la rue de Grenelle, le Portail de la chapelle des Orfevres (*) &c, vis-à-vis desquels on ne sçauroit se placer dans un point de vûe propre à les observer. Tout le monde sçait que pour bien juger des proportions d'un Edifice, il faut être dans une distance égale à sa hauteur & à sa largeur. Si elle est par exemple de 20 toises, l'œil du spectateur doit être éloigné de 20 toises du pied de l'édifice, afin que ses rayons puissent en embrasser toutes les par-

---

(*) Le dessin de ce Portail est de Philibert de Lorme, Intendant des bâtimens des Rois Henri II. & Charles IX. C'est le premier François qui a osé bannir le goût Gothique de notre Architecture, & y substituer les proportions de l'Antique qu'il a employées au Château des Tuileries, à celui d'Anet, de S. Maur, &c. Ce Portail a environ 50 pieds de hauteur, & la rue où il est, n'a pas 12 pieds de largeur.

ties, voir si l'Architecte a eu égard aux régles de l'Optique dans sa composition & juger de l'effet du total. Dans cette position l'œil du spectateur sera le sommet d'un triangle équilateral, & la largeur du bâtiment sa base. Sur cette régle établie, pouvons-nous juger des proportions, & jouir des beautés de la plûpart de nos Edifices ?

En parlant de la Sculpture, j'ai parlé d'un grand nombre d'Artistes célébres dans cette profession, que nous avons le bonheur d'avoir aujourd'hui; je dois la même justice à quelques Architectes d'à présent dont le goût & les ouvrages font honneur à la raison & à la nation. Quoiqu'il n'y en ait pas un si grand nombre que d'excellens Sculpteurs, (*)

(*) On mettroit ici les noms de nos bons

il en est cependant encore plusieurs qui avec du génie & de l'invention, ne rougissent point de soûmettre les proportions de leurs

Architectes qui se distinguent par leur opiniâtreté à suivre les régles de l'Antique, & les belles proportions dans leurs Ouvrages, si l'on n'étoit presque asûré d'exciter la jalousie de ceux qui pensent exceller dans cet Art par la satisfaction & les éloges de ceux qui les employent, & qui applaudissent à leurs nouveautés bizarres & déréglées. Ils les estiment des productions du génie, & elles en prouvent essentiellement le défaut, & l'ignorance de l'Art qu'ils exercent, dès que le goût seul leur tient lieu de régles, qu'ils méprisent tous les principes, & par-là sont incapables de sentir ni de juger des beautés essentielles de l'Architecture. Malgré le silence que l'on avoit résolu de garder sur les noms de nos bons Architectes, oseroit-on demander une exception en faveur du Sr. *Souflot* choisi par M. de Vandieres, aujourd'hui Directeur des Bâtimens du Roi, pour l'accompagner & l'instruire sur cet Art dans son voyage d'Italie, choix aussi honorable au discernement de celui qui l'a fait, qu'à l'Architecte. Si on le nomme ici préférablement à ses confréres, l'on ne croit point qu'il leur soit supérieur en aucune façon, & ce senti-

Edifices à des Régles, & de croire que les vraies beautés ne font point un effet du seul goût & du hazard. Ils ont encore assez

timent seroit bien éloigné du sien & de celui de l'Auteur ; mais c'est qu'il a été assez heureux de trouver une occasion, peut-être unique dans un siècle, d'avoir un Edifice à construire d'une aussi grande dépense, & d'une étendue extraordinaire dans l'emplacement le plus avantageux d'une des plus grandes villes du Royaume, & où il a pû déployer sans aucune contradiction, le fruit de ses études en Italie, & sa science dans ce bel Art. D'ailleurs son Ouvrage n'étant point à portée d'être vû comme ceux de ses confréres qui habitent Paris, & dont il est éloigné de cent lieues, l'on a cru qu'il étoit de l'honneur de la Nation & même celui de ses confréres de la même Académie d'Architecture, d'en partager avec lui la gloire, & de faire connoître ce bel Edifice aux François & aux Etrangers qui l'ignorent, sans prétendre diminuer en rien le mérite des autres bons Architectes qui eussent aussi bien réussi, s'ils avoient eu l'heureuse & rare occasion d'un aussi vaste Bâtiment à élever, & dans un lieu aussi favorable.

Ce grand Edifice fait une partie de l'Hôtel-Dieu de la ville de Lion sur les bords du Rhône, & sur un quai magnifiquement cons-

de fermeté pour réfister aux exemples de la plûpart de leurs confréres qui n'ont point d'autres principes que leurs caprices &

---

truit. Cette Façade a 170 toises de longueur sur plus de 12 toises de hauteur. Sa longueur a 17 toises de plus que la moitié de la Gallerie du Louvre sur la Seine, estimée une des plus grandes qui soient dans toute l'Europe. L'Architecte a placé dans la longueur de cette façade trois corps avancés, dont celui du milieu est une espéce de Pavillon avec un Dôme, il a plus de saillie que les deux autres, & un arriere corps. Son avant-corps est décoré de 4 Colonnes Ioniques au premier étage & d'autant de Statues dans l'Attique. L'arriere-corps est orné de Pilastres du même ordre. Les deux autres corps avancés de cette façade ne sont point aux extrémités où ils auroient été très-irréguliers, & nullement en relation avec le Pavillon du milieu, l'œil n'auroit pû les assembler, & eût été par conséquent fatigué de parcourir un si long espace sans trouver d'appui, ni d'objet de comparaison avec le sujet principal qui est le corps du milieu. L'Architecte n'a mis entre eux de distance que trois faces du Pavillon, ce qui fait une consonance agréable selon les principes d'un de nos plus habiles Architectes le Sr. Briseux, qui fait émaner toute la beauté de l'Architec-

celui de ce siècle amateur passioné des écarts de la nouveauté, de l'ornement, & du colifichet, si opposé à la simplicité majes-

ture des Proportions Harmoniques, ce qu'il a très-bien prouvé dans le sçavant ouvrage qu'il vient de publier en 2 volumes *in-folio*. Ces deux corps avancés sont décorés en Pilastres Ioniques. Toute la Façade est percée par 102 croisées rangées sur deux étages. Celles du second sont Mezanines & d'une forme différente dans les trois corps, étant arrondies par le bas & par le haut qui est orné d'un feston. L'entablement, qui regne sur toute la longueur de la façade, porte une balustrade de même étendue, dont les massifs, seulement dans les corps avancés, sont chargés de Lions, simboles de la ville, & des armoiries en saillie du Gouverneur M. le Duc de Villeroi. Les deux étages portent sur des Arcades au rez-de-chauffée qui ont un tiers de plus de hauteur que les croisées, & forment un Stilobate en bossages comme celui de la place de Vendôme.

Cette sage & reguliere composition a eû les éloges de tous les connoisseurs, & des Architectes françois & étrangers. Elle les mérite par la beauté & la justesse des proportions de chaque partie, par le bon goût & la correction des profils & des moulures, par la sage éco-

tueuse qu'exige ce bel Art. L'approbation des vrais connoisseurs doit encourager ces Architectes à fournir leur carriere dans ce bon goût, fondé sur des principes invariables auquel le public sera forcé de donner un jour les éloges qu'il mérite, & que l'injustice, l'ignorance, & la légéreté de leurs contemporains veut en

---

nomie que l'on y remarque des Ornemens, où les seuls convenables & absolument nécessaires ont été admis ; enfin par la belle harmonie du tout ensemble. On trouvera peu d'Edifices en France & dans le Pays étranger au dessus de celui-ci. Si la Gallerie du Louvre le surpasse en longueur, & par la richesse infiniment supérieure de l'Architecture, par celle des Ornemens & de la Sculpture, celui-ci a l'avantage des proportions & du bon goût, & à cet égard il n'y a entre ces deux Edifices aucune comparaison. Un des grands éloges qu'on puisse lui donner, c'est qu'on a lieu d'asûrer qu'il sera mis par nos neveux au nombre des Edifices du beau siècle de Louis XIV. Il a été très-bien gravé par J. F. Blondel, & se trouve chés Jombert, rue Dauphine.

vain leur dérober, en faveur des beautés capricieuses & passageres des ouvrages qu'ils verront méprisés, & peut-être ridiculisés avant la fin du siécle, par l'inconstance de la Nation, & par ceux même qui en auront été les plus zélés admirateurs.

J'aurois bien d'autres remarques à faire sur ce grand Art ; mais ne m'étant proposé dans ces Réflexions que l'objet de la Peinture, elles seroient déplacées. J'espére les donner au public dans un écrit particulier, si ces Réflexions ont le bonheur de lui plaire. Le zéle pour son bien & l'amour des Arts, & de la Patrie sont les seuls motifs qui les ont mis au jour. Heureux si je puis contribuer aux progrès de ceux qui l'honorent par leurs talens !

FIN.

LETTRE

DE L'AUTEUR

DES RÉFLEXIONS

SUR

QUELQUES CAUSES DE L'ETAT PRESENT

DE LA PEINTURE

EN FRANCE.

Dans

Dans la premiere Edition, ces Réflexions sur l'état présent de la Peinture en France, étoient suivies d'un Examen des Ouvrages exposés au Louvre en 1746. qu'il ne convient plus aujourd'hui de faire paroître. On a cependant jugé à propos de redonner cette Lettre, qui fut publiée peu de tems après, pour justifier l'Auteur du reproche qu'on lui fit d'avoir osé mettre au jour la Critique des Ouvrages exposés à la suite de ses Réflexions. Il a voulu renouveller la protestation de l'innocence de ses intentions qui n'ont eû pour but uniquement que le zéle pour le bien de la Patrie, & le progrés des beaux Arts.

LETTRE

De l'Auteur des REFLEXIONS *sur quelques causes de l'état présent de la Peinture en France.*

A MONSIEUR ***

JE ne sçaurois trop vous marquer ma reconnoissance, Monsieur, de l'attention que vous avez eue, de m'apprendre que mon Ouvrage avoit indisposé quelques-uns de ceux dont j'ai parlé, & donné lieu à des critiques que vous avez la bonté de me communiquer. Cette preuve d'amitié de votre part, m'oblige beaucoup, & je vais tâcher de répondre exactement aux principales.

J'ai déclaré dès le commencement, & je le déclare encore aujourd'hui, que je n'ai jamais conçu le dessein odieux de blesser qui que ce soit, ni même de le désobliger le plus légérement. Je fçai toute l'injustice qu'il y auroit de refuser des louanges à des Ouvrages exposés en public, dès que l'on est persuadé qu'elles leur sont dûes, ou même d'en vouloir exténuer le mérite, par une critique qui ne seroit pas dans l'exacte équité. Vous me connoissez assez pour sentir l'opposition de cette idée à mon caractere, ainsi je n'ai point à me justifier à cet égard. Mais j'étois bien éloigné de penser que la répréhension la plus ménagée, fût chés la plûpart des hommes une offense réelle. Je vois à present combien le nombre est petit de ces ames fortes & assez élevées, pour sentir la nécessité d'une sage critiques, afin d'arriver à la perfection. Les grands génies sont seuls capables de l'aimer, de la rechercher, d'en connoître le prix, & d'avouer lui devoir ces traits de lumiere qui les portent rapidement à la supériorité. Les esprits d'une moindre étendue, & qui composent la multitude, aveuglés la plûpart par l'intérêt, & par l'amour propre qui les rend éternellement satisfaits de leurs productions, négligent une gloire qui leur coûteroit du tems & des travaux. Ils évitent ceux qui voudroient les éclairer sur leurs imperfections, & leur refuser les éloges dont les flateurs les corrompent, ou que les ignorans leur prodiguent de bonne foi.

Vous me dites ensuite qu'une Critique imprimée doit être irrépréhensible, & vous ajoûtez que plusieurs personnes ayant trouvé dans la mienne de la vérité, avec de la justesse & de la force dans les expressions, ont en même tems remarqué beaucoup de fautes dans le grammatical de la diction, & quelques constructions obscures. J'avoue avec sincérité mes négligences à cet égard, quoiqu'elles semblent pardonnables à un particulier qui n'est nullement Auteur de profession, & n'a point envie de le devenir. La lumiere de l'impression me les a fait appercevoir, lorsqu'il n'étoit plus tems de les corriger. A mes propres fautes, l'Imprimeur a encore ajoûté les siennes. Des mots entiers oubliés, transposés, des corrections très-essentielles omises, inconvéniens inévitables dans les Ouvrages imprimés chés l'Etranger, & loin des yeux de l'Auteur. Vous voulez cependant m'encourager en m'assûrant que l'on ne retireroit aucune utilité de la Critique, si l'on préféroit au fonds des choses, & à l'avantage de l'instruction, l'analyse scholastique des régles de la Sintaxe. Les Critiques, dites-vous, qui ne tombent que sur des mots, & l'arrangement des périodes, sont ordinairement assez frivoles, & méritent peu d'attention. Ce n'est pas tout à-fait mon sentiment, & je crois que les pensées les plus justes présentées au Lecteur d'une façon ambigue, obscure, ou peu correcte, ne sçauroient plaire en aucun genre d'écrits, & sur-tout dans celui de la Critique.

Je m'étois en quelque sorte attendu à ce dernier reproche de la part du Public, & il ne m'a point surpris. Mais je vous avouerai l'avoir beaucoup été, lorsque l'on m'a instruit d'un Paradoxe que l'on s'est efforcé d'établir dans une assemblée publique, (*) *Qu'il est absolument nécessaire de professer un Art pour en parler avec justesse, & oser en publier les défauts.* Cette maxime m'a paru fort étrange, & a trouvé peu de partisans. Et quels auroient été nos Historiens, nos Orateurs, nos Poëtes, nos Musiciens, nos Académiciens même les plus célébres, si leurs Confréres avoient eû seuls le droit d'examiner leurs Ouvrages, & d'en juger? Auroient-ils trouvé des censeurs de bonne foi & des conseils désintéressés dans leurs concurrens? Rivaux pour la plûpart, & ambitieux de la primauté; l'envie, la complaisance, les égards, la politique, & mille intérêts personnels, eussent fait taire leur censure, & voiler leurs défauts, ou même leur donner des éloges.

(*) L'Académie de Peinture.

Ce n'est donc que dans la bouche de ces hommes fermes & équitables qui composent le Public, & qui ne tiennent aux Artistes, ni par le sang, ni par l'amitié, ni par la profession, que l'on peut trouver le langage de la vérité. L'opinion que je combats, est d'autant plus singulierement étonnante, que ceux qui en sont les inventeurs, la condamnent eux-mêmes, en exposant toutes les années leurs Ouvrages aux jugemens du Public; exposition qui ne seroit plus qu'un vain spectacle pour amuser sa curiosité, & braver sa critique uniquement réservée aux gens de l'Art, & à leurs infaillibles Confréres. Je ne m'arrêterai pas davantage à réfuter sérieusement une opinion aussi nouvelle que dangereuse, & je penserai toujours que rien ne sçauroit être plus utile & plus important aux Arts comme aux Lettres, que les décisions du Public, lorsqu'elles pourront arriver jusqu'aux Auteurs, sans passer par l'organe perfide des adulateurs, ou par celui des admirateurs ignorans. J'y joins encore celui des personnes passionnées & incapables de ménagemens. Ce sont ces égards, dont un galant homme ne sçauroit se dispenser dans la société, qui ne m'ont pas permis de rapporter les sentimens de ce Public tels à beaucoup près qu'il les a prononcés; j'ai eu une attention sévére à émousser, non-seulement le piquant de sa Critique, mais encore à affoiblir la sincérité désobligeante de ses jugemens. Sans cette précaution j'aurois trop humilié l'amour propre de nos Artistes qui s'estiment parfaits. Et quelle révolte n'eût pas causé cette imprudence, puisque malgré tous les adouciſſemens que je me ſuis efforcé d'employer, je n'ai pas laiſſé d'en mécontenter quelques-uns, en rapportant les jugemens ſur leurs Tableaux alors expoſés au Salon ? J'avoue que j'aurois pû parler en même tems de leurs Ouvrages d'un bon ton de couleur, qui ſe voyent ailleurs, & qui décorent pluſieurs Egliſes, & font l'ornement des Maiſons Royales & de nos beaux Hôtels. Tels ſont ceux des Sieurs Boucher & Nattoire à l'Hôtel de Soubiſe, & chés M. Orry, Peintres eſtimés, à qui la Nation eſt redevable, & ſur-tout au Sieur Boucher, du haut dégré de perfection auquel ils ont porté, conjointement avec le ſçavant Oudri, la Manufacture Royale de Beauvais auſſi renommée aujourd'hui chés l'Etranger que dans le Royaume. Des Talens auſſi utiles leur ont acquis à juste titre, la réputation dont ils jouissent. Cette réputation étant un bien réel qui leur appartient, d'autant plus précieux, qu'outre la distinction flateuse du rang, elle ne peut qu'être avantageuse à leur fortune ; rien ne seroit plus contraire à l'équité & au devoir de bon Citoyen, non-seulement de vouloir les en priver, si la chose étoit possible, mais même d'y vouloir donner la plus légere atteinte.

Je passe plusieurs endroits de votre Lettre, pour venir à l'article du Portail S. Sulpice. Vous convenez qu'il n'a point eu le suffrage du Public, ni celui des Connoisseurs, moins encore celui de nos judicieux Architectes ; soit par l'assemblage de cette multitude de colomnes, dont la distribution n'est point heureuse, soit par l'ordonnance & la composition du total, qui n'est convenable ni au lieu, ni au reste de l'Edifice, soit enfin par beaucoup d'autres défauts, dont l'énumération seroit trop longue. Vous ajoûtez ensuite, qu'il sembleroit par la façon dont j'en ai parlé, que l'Auteur de ce Portail seroit encore coupable du goût médiocre de l'intérieur de l'Eglise. Je sçai, M. qu'il n'y a point eu de part, la Tribune exceptée ; mais ayant été vivement frappé de l'injure faite à nos Architectes François Académiciens, par la préférence d'un Etranger qui ne leur est nullement supérieur dans la science de la bonne Architecture, pour un ouvrage aussi important & d'une dépense immense & incroyable ; j'avoue que je puis avoir été trop loin, & même injuste dans la qualification que je lui ai donnée. Quoique je sois tombé d'accord avec tout le monde de sa grande capacité & de la fécondité de son génie dans la partie de la décoration & de la mécanique qui en dépend, soit pour le Théâtre, soit pour la magnificence des Fêtes publiques. Je pourrois même encore ajoûter à ce talent, celui des Tableaux d'Architecture pour les Cabinets, y ayant dans les siens des effets pittoresques sçavans & assez heureux. Mais permettez-moi de vous faire remarquer en passant, qu'il est très-rare, que même les meilleurs Peintres d'Architecture soient d'excellens Architectes; je pourrois même avancer que c'est une chose presque impossible aux grands Décorateurs, & en voici la raison. Accoutumés à prodiguer les embellissemens nécessaires à l'illusion du Spectacle, & à l'éclat des Décorations qui les obligent de multiplier les parties qui en font la richesse & la somptuosité, ils sacrifient toujours aux saillies de leur imagination & aux écarts si chers aux Ultramontains, cette sage simplicité, qui fait seule la grandeur & la noblesse d'Architecture. Ils ne sçauroient estimer ni pratiquer cette sçavante économie des beautés, dont les Mansart, les de Brosse, les Perrault, &c. ont été si avares. Economie qui a fait la célébrité de leurs Edifices élevés sous Louis XIV, & supérieurs à tous ceux de leurs contemporains dans l'Europe, & principalement dans la superbe façade du nouveau Louvre; Ouvrage d'une perfection sublime, & dont l'aspect seroit si frappant par sa majesté & sa magnificence qu'il auroit la primauté en ce genre, sur tous ceux qui sont connus.

Je viens à la fin de votre Lettre, & au dernier reproche qui m'a été fait, d'avoir gardé l'Incognito. L'on s'est efforcé, dites-vous, de jetter un caractere odieux sur toute Critique anonime. La singularité de ce reproche ne m'a pas moins étonné que celle du Paradoxe que j'ai combattu ci-dessus. Non-seulement je ne me crois pas coupable de ne m'être point nommé, mais je pense encore avec un de nos plus grands Ecrivains, qu'il n'est jamais permis à qui que ce soit de le faire, quelque modeste & quelque équitable que soit sa Critique. N'est-ce pas défier le Public, & lui dire hardiment que l'on ne craint point la censure des décisions que l'on publie, dès que l'on ose se montrer à visage découvert ? Et d'ailleurs, quelle autorité auroit pû donner à ma Critique le nom d'un inconnu ? Si mes remarques sur les défauts des Ouvrages exposés sont vraies, qu'importe de quelle part vienne la vérité à ceux qui la désirent ? Si elles sont fausses, elles ne méritent que du mépris, étant l'ouvrage d'un Anonime. En me nommant, n'aurois-je pas affiché l'envie de tirer de la vanité & de la réputation de ma Critique ; & j'ai déclaré dans mes Réflexions que je renonçois entiérement à cette frivole gloire, en exposant en peu de mots les motifs qui m'ont déterminé à les écrire, & que je vais vous dire ici un peu plus au long.

La passion née avec moi pour les beaux Arts ; l'étude singuliére & approfondie de ce qui constitue leurs vraies beautés, que j'ai faite dans toute l'étendue du Royaume, pendant mon séjour en Flandre,

dre, & en Hollande, où j'ai examiné avec réflexion les chefs-d'œuvres des grands Maîtres d'Italie, d'Allemagne, & des Pays-bas que l'on y trouve en abondance. Un commerce long & fréquent, & de solides raisonnemens avec les plus grands Peintres de notre Nation dont je regrette tous les jours la perte, & en dernier lieu avec le Sr. le Moine, dont la docilité & la prévention à mon égard ont été au point de faire plusieurs changemens sur mes remarques dans son incomparable plat-fond de Versailles. Un sentiment vif des expressions fines & touchantes de cet Art divin, dont le but est d'élever l'ame du spectateur, de la remuer, & tout-au-moins d'exciter l'admiration, quand il ne peut instruire. Enfin un intérêt très-vif pour ses progrès parmi nous : mais par-dessus tout, le zéle ardent & courageux d'un Citoyen, à exposer les abus qui deshonorent sa Nation, & contribuer à sa gloire, en proposant les moyens les plus prompts & les plus faciles d'y remédier. Voilà les seules raisons qui m'ont mis la plume à la main, & m'ont attiré des remecimens de tous les bons François.

Vous m'exhortez en finissant, & vous me pressez vivement de donner une nouvelle édition de ce petit Ecrit extrêmement correcte, avec des Remarques sur les Ouvrages nouvellement exposés au Louvre. Vous me dites, pour m'y engager, que j'aurois cette année-ci un vaste champ pour la Critique, sur-tout dans le genre de l'Histoire. Voilà précisément, M. ce qui m'oblige d'y renoncer. Vous êtes encore bien éloigné de me connoître, si vous ignorez ma disposition naturelle à louer, & mon antipathie à blâmer, & à publier ce qui peut faire tort à l'honneur de la Nation dans les Ouvrages de notre Ecole. Je ne puis assez montrer ma joye & ma satisfaction en voyant les vraies beautés de nos Peintres ; j'aime à les sentir & à les faire sentir, à les détailler, & même à les exagerer aux Spectateurs. Mais je vous avoue en même tems la douleur que m'a causé cette année-ci la stérilité de nos Peintres d'Histoitoire, à l'exposition des Tableaux pour S. M. Douleur qui a été vivement augmentée par les plaintes du Public, du défaut de génie dans le choix des Sujets, & de la froideur & de la médiocrité dans l'exécution. On convient cependant qu'il y en a quelques-uns à excepter, & où il y a de vraies beautés : Ce qui a sur-tout excité les regrets les plus unanimes, ç'a été le progrès rétrograde de ceux mêmes dont les Ouvrages nous avoient comblés de joie l'année derniere, par les espérances d'une prochaine perfection. Est-ce le défaut de Mécènes & de Protecteurs ? Eh, que pouvoit faire de plus avantageux à la Peinture, la Personne à qui S. M. a confié le soin du soutien & de l'avancement des beaux Arts, que d'encourager nos Peintres d'Histoire par des récompenses ! Seroit-ce dans celui que le Roi a nommé son premier Peinrre, un manquement de zéle & d'ardeur pour exciter, & pour perfectionner les talens de ses Confréres ? Encore moins, puisque l'on ne sçauroit s'en acquitter avec plus d'activité & d'intelligence. Quelle est donc la source de la langueur & de la léthargie présente de notre Ecole? si ce n'est l'amour propre de ceux qui la composent, dont la plûpart adorateurs de leurs productions, & n'imaginant rien qui leur puisse être supérieur, contents de leurs idées, dédaignent les jugemens des personnes éclairées & sévéres, & les sentimens de ceux dont la justesse & l'élevation du génie, seroit capable de les ramener au bon goût, de leur ouvrir de nouvelles routes, d'échauffer leur ame & leurs compositions muettes & inanimées par des traits d'éloquence & de vie. Ceux qui ont été choisis cette année pour travailler aux Tableaux du Roi, méritent cependant quelque indulgence, n'ayant pas eu, à ce qu'ils disent, tout le tems nécessaire pour imaginer de grands Sujets, ni porter leurs Ouvrages à une certaine perfection. L'on sçait que le Peintre inventeur & original est autant que le grand Poëte, susceptible de ce beau feu, de cet enthousiasme, auquel on ne commande point, & dont il faut attendre l'inspiration. Mais n'auroient-ils pas eu assez de loisir pour chercher des traits d'Histoire ou de Fable plus intéressans & moins usés, ou qui n'eussent pas été traités divinement par nos plus grands Maîtres ? C'est en ce cas qu'un Peintre estimé, en répétant & en affoiblissant nécessairement par la répétition une pensée excellemment rendue, & au-dessus de laquelle il ne sçauroit s'élever, tombe en ce moment dans le rang abject du Plagiaire, & au-dessous de son mérite personnel par la comparaison. D'autant plus imprudent de lutter avec des Peintres du premier ordre, qu'il fentira moins l'inégalité de force dans le génie, & qu'il lui manque cette chaleur d'imagination fi néceffaire pour l'expreffion du grand beau, & de ce pathétique qui frappe & qui émeut par les mouvemens & les pofitions éloquentes de fes Figures. Il ignore même fon incapacité à imaginer ces phifionomies de caractére, qui donnent la vie aux perfonnages, & les font parler à nos regards par leur nobleffe, leur décence, & ce qui eft bien effentiel, par le jeu des traits du vifage rélatif à leur rolle, & convenable à leur place; enfin par cette expreffion d'ame & de fentiment qui doit fuppléer à la parole, & fans laquelle tout Tableau d'Hiftoire n'eft que de la toile & des couleurs.

Un coup d'œil jetté fur les Ouvrages admirables qui décorent cette belle Gallerie où sont exposés les nouveaux Tableaux, & où l'immortel le Brun a déployé l'étendue immense de son génie, instruira plus en un instant sur la richesse de l'Ordonnance & la sublime vérité de l'expression, que l'ennui d'un plus long discours. Qu'il me soit permis au sujet des chefs-d'œuvres de Peinture que l'on admire dans cette Gallerie, de publier les allarmes de tout Paris sur leur prochain dépérissement, par la négligence à laquelle sont abandonnées ces célébres Batailles d'Alexandre qui ont porté par le secours des Estampes dans tout l'Univers, la gloire de leur Auteur & de la Nation, & la perfection de notre Ecole dans ses plus beaux jours.

Je n'ai garde d'entrer, ainsi que

que je vous l'ai promis, dans aucun examen particulier des beautés ni des défauts d'un seul des Tableaux exposés. Je m'en tiendrai exactement à ce que je viens de vous en dire.

Après m'avoir exhorté dans votre Lettre à continuer ma Critique par l'abondance de la matiére, vous faites un dernier effort pour me vaincre par les sentimens de reconnoissance que je dois, dites-vous, au Public de l'accueil qu'il a fait à mon Ouvrage. J'aurai l'honneur de vous répondre, que quelque agréable que m'ait été cet accueil, je crois le devoir bien moins à la valeur de l'Ecrit, qu'au goût de ce Public pour tout ouvrage de Critique. J'aurois cependant à me féliciter du suffrage honorable qu'il a obtenu de quelques personnes d'un grand nom & du premier ordre;

& particuliérement d'un Magistrat dans une place élevée, chés qui l'amour & la connoissance des beaux Arts semblent égaler le zéle ardent pour le bonheur de sa Patrie qui fait toute son ambition, & l'objet de ses travaux. Je pourrois encore parler de la satisfaction très-flateuse que m'ont donné les témoignages de reconnoissance de quelques Artistes, qui non-seulement ont souscrit à ma Critique, mais qui ont encore eu le courage d'en profiter en corrigeant leurs défauts. Cependant j'avouerai avec franchise, que toutes ces satisfactions n'ont pû balancer la peine que m'ont fait les mécontentemens de quelques personnes. Je ne puis donc me rendre à vos sollicitations de travailler à l'examen des Ouvrages nouvellement exposés, & auquel un nombre infini de personnes m'ont invité. Quelque utilité que je m'y propose, les moyens en sont trop pénibles à un homme vrai, & les succès presque toujours douteux. Peu idolâtre de l'encens du Public qui n'est qu'une vaine fumée, un éclair qui disparoît presque aussi-tôt qu'il a brillé ; je suis aujourd'hui plus convaincu que jamais de l'erreur de ceux qui dans un état privé & sans besoins, sacrifient au zéle pour la Patrie, & au nom frivole d'homme de goût, les deux seuls biens dignes à mon gré de notre ambition, la tranquillité & l'indépendance. Trésors précieux & divins ! mais dont les hommes ignorent le prix. Je dis la tranquillité, parce qu'il n'est plus de repos pour un Ecrivain qui espére follement satisfaire le Public, en répondant à ses Critiques. Si j'ajoûte l'indépendance, c'est que tout Auteur porte les fers de la bizarrerie de ce Public & de sa malignité. Je viens de l'éprouver à l'occasion de ce petit Ouvrage, où l'on s'est efforcé de travestir en contre-vérités, & de donner un sens ironique & malin aux éloges les plus sincéres d'une personne en place, & de qui les beaux Arts ont à se féliciter de la protection & des récompenses. Comment pourrois-je donc préférer ces dégoûts & cet esclavage, à la douceur d'une heureuse obscurité, où imperceptible aux hommes méchans & hors de la portée de leurs traits, je n'interromps mon loisir que par une attention agréable à cultiver l'estime, & à jouir de l'amitie d'un petit nombre de personnes que j'ai éprouvées dignes de la mienne ? Là, content du titre de Philosophe ignoré & qu'on ne lit point, je sens que ce peu d'amis que l'on connoît, valent cent lecteurs que l'on ignore. D'ailleurs, quand j'aurois le bonheur de plaire à tous les esprits, ce qui est impossible, ce ne seroit point impunément. L'envie est toujours à côté du succès, & s'il est un plaisir, il coûte trop cher aux bons cœurs, dès qu'il leur attire le plus petit ennemi, malgré l'intention la plus louable. C'est ce dont vous avez eu la bonté de m'avertir, Mr. au sujet de mon Ouvrage. Je ne m'étois point flatté d'être infaillible, & j'avoue de bonne foi, que je puis m'être trompé dans mes Remarques; mais j'avoue en même tems être prêt à me rétracter dès que l'on m'aura convaincu d'erreur. Eh quel homme en est exempt, puisqu'elle est le partage de l'humanité! En attendant cette grace du Public, je goûte dès-à-présent dans cet aveu de mes fautes, la satisfaction la plus sensible à tout Homme qui aime la vérite, & qui cherche de tout son cœur à la connoître.

Aberrare à Vero humanum est, fateri divinum.

Just. Lips.

Je suis, MONSIEUR, &c.

LETTRE
A
L'AUTEUR
DU
MERCURE.

LETTRE

A l'Auteur du MERCURE, *contenant une justification de l'Auteur sur des Brochures qu'on lui a injustement attribuées.*

JE vous fais, Mr. des remercimens très-sincéres de la façon obligeante dont vous avez parlé de l'Ombre du grand Colbert dans le Mercure, & je vous prie de croire que j'y suis très-sensible. Je ne l'ai pas moins été à l'accueil que le Public a fait à cet ouvrage. Quelle a été ma joye d'avoir trouvé un si grand nombre de Citoyens & de vrais François qui soupirent après le rétablissement de l'honneur & de la décence du Louvre, & la liberté de sa façade ! qui désirent de tout leur cœur, & contribueroient de leur propre bien à l'achevement d'un Edifice qui seroit la gloire de la Nation, le monument le plus superbe du régne de Louis XV, & dont le seul aspect publieroit avec autant d'éclat que toutes les bouches de la Renommée, la sublimité du goût François.

Mon dessein dans la résurrection de Colbert, ce Ministre immortel, a été de ressusciter avec lui la grandeur, & l'ancienne vigueur du génie de la Nation, non-seulement dans les beaux Arts, mais dans tout ce qui peut servir à la puissance & à la splendeur de ce Royaume, & d'engager ceux qui disposent des génies & des talens, à les relever de l'état d'abaissement & de médiocrité où ils sont tombés. Si mon dessein n'a malheureusement aucun effet, soit par la révolution prodigieuse qu'un tems fort court a fait sur nos esprits, soit par la fatalité des circonstances, au moins j'aurai la gloire d'avoir défendu le bon goût contre les abus & l'ignorance qui lui portent tous les jours des coups funestes, & lui font des playes incurables. J'aurai chés la postérité le triste honneur d'avoir vû mes efforts applaudis par tous les vrais Citoyens & les généreux François mes contemporains, non-seulement par ceux de la Nation qui sont dans les premieres places, mais encore par les plus illustres Etrangers.

Je viens au sujet de cette Lettre. Vous avez dit, Mr. en parlant de l'Ombre du grand Colbert, *Que son Auteur étoit déja* connu par d'autres ouvrages sur les beaux Arts. Ayant appris de plusieurs personnes que l'on m'a attribué les brochures sur cette matiére, où l'on a critiqué très-durement quelques ouvrages de nos Peintres & de nos Sculpteurs qui ont le plus de réputation, j'ai l'honneur de vous écrire pour me plaindre d'une imputation aussi injuste & aussi fausse. Après la Lettre que je donnai à la suite de mes Réflexions sur les causes de l'état présent de la Peinture en France, où j'exposai mes sentimens à ce sujet, aurois-je dû m'attendre à une calomnie qui m'a été extrémement sensible? J'y avois dit, *qu'attaquer sans menagemens les talens d'un Artiste, & la réputation qu'ils lui ont acquise, c'étoit lui enlever non-seulement la satisfaction qui fait le bonheur de sa vie*, je veux dire l'opinion de l'excellence de ses ouvrages, mais encore lui ravir le fruit de ses travaux, & tarir la source de sa fortune en ruinant sa réputation, son bien le plus flateur & le plus solide. Quelle apparence qu'après m'être élevé contre cette injustice, & sans aucun intérêt que celui de l'équité & du bien général de nos grands Artistes, je me fusse rétracté aussi indignement & presque au même instant ! Et d'ailleurs quel est le but de mes Ecrits ? N'est-ce pas uniquement le progrès des Arts & leur perfection ? Comment donc aurois-je pris une voie aussi opposée à mon dessein, que celle de blesser l'amour propre de ceux qui y peuvent le plus contribuer, avec les armes les plus offensantes ? Parfaitement convaincu qu'une Critique violente & grossiérement sincére n'a jamais produit que la haine du Censeur, & ce qui est bien plus important, le découragement de l'offensé. Je ne parle point des torts que ces Critiques ont dû faire aux Ouvrages exposés, en prévenant contre eux ceux pour qui ils étoient destinés. Attentat à la fortune de leurs Auteurs, que j'estime très-grave, & dont je me croirois irréparablement coupable.

Il est douloureux pour moi de n'avoir pu persuader par le ton de mes Écrits, que je ne suis critique ni par goût, ni par humeur, & encore moins par intérêt ; mon état étant sans besoins, & ayant en horreur les ressources infâmes d'une plume vénale, ou chargée de fiel, que la malignité de l'homme & ses goûts pervers ne rendent que trop sûrement & trop facilement lucratives & avantageuses à sa fortune.

On auroit tort cependant de conclure de la facilité d'une Critique amere & sans égards, celle d'une Critique modérée & en mêtems utile, ni qu'elle fût même plus aisée que la louange. Je crois qu'une censure armée de traits perçans & empoisonnés, qui affligent & qui désespérent, une censure impétueuse, qui ne connoît de frein que la licence, & de justice que sa passion, coûte peu à l'esprit abondamment aidé de la corruption du cœur. Mais une censure exacte, & en même tems douce & modeste, qui ne veut point briller par l'étalage de ses connoissances, ni trop humilier l'amour propre en levant entiérement le rideau, mais seulement faire appercevoir aux Auteurs des fautes absolument invisibles à leurs yeux : une Censure adroite, détournée, ou voilée sous une fiction qui présente les défauts à leurs regards obliquement & comme dans un miroir de réflexion ; qui toujours attentive à ne point blesser, n'a pour armes qu'un compas & une balance que ni la prévention, ni les antipathies de caprice, ni aucun intérêt personnel ne sçauroient faire incliner par de faux poids, & qui cependant ait assez d'attrait, & de force pour plaire & pour corriger, non, non, cette façon de critiquer, la seule qui convienne à un galant homme, n'est point aisée, & je la tiens beaucoup plus difficile que la louange ; cet art est si funeste à tous les hommes dont il accroît l'orgueil inné, & corrompt toutes leurs idées, & sur-tout leurs sentimens sur leurs productions.

Je déclare donc non seulement que

que je n'ai aucune part à ces brochures qui contiennent des Critiques indécentes, & si peu mesurées pour les expressions ; mais j'ajoûte encore que je les blâme hautement, en convenant cependant que la plûpart des ouvrages qui y sont critiqués, je ne dis pas tous, le sont avec connoissance, & qu'il n'y manque que le ton & la maniere. J'avoue encore que l'on y trouve des réflexions sensées, & des projets dont l'exécution seroit fort avantageuse à l'embellissement de Paris & au bon ordre, aussi bien qu'aux progrès des Arts. Vous m'obligerez, Monsieur, en mettant dans votre Mercure cette déclaration, ou plu-tôt ce renouvellement public de mes sentimens. J'ai l'honneur d'être, &c.

D. L. F. D. S. Y.

REMERCIMENT

DES HABITANS

DE LA VILLE DE PARIS

A SA MAJESTÉ,

AU SUJET DE L'ACHEVEMENT

DU LOUVRE.

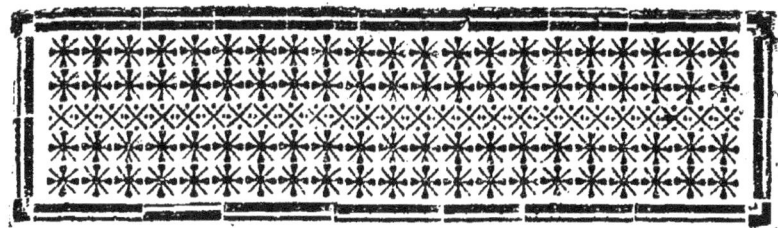

REMERCIMENT

DES HABITANS

DE LA VILLE DE PARIS

A SA MAJESTÉ,

AU SUJET DE L'ACHEVEMENT

DU LOUVRE.

IRE,

 Enfin les vœux de Vos Sujets sont exaucés. Vous avez décidé du sort de l'Edifice de Votre Royaume le plus important à Votre gloire & à la sienne, & Vos ordres sont donnés pour achever le Louvre. Il n'appartient qu'aux grands Rois d'étonner la postérité par des Monumens qui immortalisent leur Regne, & le Louvre seul pouvoit remplir cet auguste projet.

C'étoit depuis long-tems un sujet de douleur bien sensible aux vrais François & aux Citoyens zélés pour leur Patrie, d'avoir dans le sein de leur Capitale un Palais d'une aussi rare beauté, & de le voir non-seulement imparfait, & livré par son abandon à une ruine prochaine; mais encore enseveli dans les deshonneur, & fermé aux regards même de Votre peuple, & à l'admiration des Etrangers. Nous avions d'autant plus lieu de gémir sur son déplorable état, que ce superbe Péristile est l'ouvrage d'un François, & peut-être le plus honorable à la France. Eh!

qu'est-ce qui fait la gloire d'une Nation ? Qu'est-ce qui met le sceau éternel à sa véritable grandeur, sinon ses chefs-d'œuvres dans les Lettres & dans les Arts ? Si Paris n'eût eu qu'un exemplaire des ouvrages divins de Corneille, de Racine & de Moliere; & qu'un ordre bizarre, mais absolu, l'eût enfermé dans un cabinet inaccessible, de quelles ténébres cette barbarie eût obscurci le génie François, supérieur par ses immortelles productions aux modéles même les plus parfaits de l'Antiquité ? A quel état humiliant de médiocrité, cet attentat eût fixé sa réputation qui remplit aujourd'hui les deux Hémisphéres, & que nos meilleurs écrits présens & à venir n'eussent peut-être jamais élevé au même point de grandeur ! Comment aurions-nous pû, sans la publicité de ces glorieux titres, convaincre tous les peuples fçavans de l'Europe de notre primauté Litéraire, & fur-tout dans le double Poëme Théatral ? Il en est de même, SIRE, de l'ouvrage admirable de Perrault, & de la sublime ordonnance de ces majeftueux Portiques, rivaux de ceux d'Athènes & de Rome par leurs fçavantes proportions, & leur magnifique étendue, qui forment la fuperbe façade de votre Palais. Elevés au milieu de nous, & interdits à nos regards, on eût été réduit à les admirer dans des defcriptions, ou dans des gravures. Mais quelle froide admiration ! Quel parallele en Architecture de la vûe des deffins, avec celle du corps de l'édifice ! N'eft-ce pas celui de l'ombre avec la réalité ? L'afpect feul de la grandeur de toutes fes parties, de la juftefle tesse de leurs proportions, & de l'harmonie qui en résulte, porte à l'ame cette impression de majesté qui la ravit, & que rien ne sçauroit égaler ni suppléer.

Combien d'Etrangers dans l'impuissance de venir à Paris, ont estimée impraticable l'élévation de ce merveilleux Palais sur les dessins gravés qui leur en sont parvenus ! Plusieurs Architectes concurrens de Perrault, jaloux de l'excellence & du succès de son dessin présenté à Louis XIV., & ne pouvant désavouer la sublimité de son ordonnance qui força l'envie même à l'approbation, se vengerent en soutenant son exécution impossible. Quel projet chimérique, dirent-ils, de vouloir élever une Architecture solide sur de telles proportions ? A-t-on l'exemple de quelqu'édifice où les architraves & les plat-fonds, aient une portée de cette étendue dans les entre-colonnes ? A peine l'entablement & l'attique feront conftruits, que l'on verra ces plattes-bandes fi hardies s'affaiffer, & entraîner la ruine de l'édifice. Génies vulgaires ! Cenfeurs aveugles ! qui ignoroient les reffources de ce grand Architecte dans la fcience du Trait, & de la Coupe des pierres ; fcience qui tient du prodige, & dont l'œil admire d'autant plus les merveilles, qu'il les voit avec effroi. Ce fut par elles que Perrault triompha fans peine des impoffibilités qu'on lui oppofoit.

Colbert, fortement perfuadé que fans l'étude des hommes & de leur valeur, le Monarque eft fans force, & le Miniftre fans réputation, non-feulement connoiffoit les grands talens, mais il les mefuroit au point de calculer les différences de leur étendue. Sûr de celle de Perrault, il méprise les prédictions de ses envieux, quoiqu'importantes en apparence, & adopte son plan avec une hardiesse tranquille. On travaille à l'exécution, l'ouvrage s'éleve, & leurs cris continuent. Qu'est-il arrivé ? Le tems a démontré leur ignorance, & éternisé l'habileté de l'Architecte. Depuis soixante & dix-neuf ans ce miracle de l'art, cette Colonnade subsiste avec autant de fermeté & d'immobilité dans toutes ses parties, qu'aux premiers jours de sa construction.

Rien n'eût manqué, SIRE, aux désirs de vos Sujets, ni au suprême honneur du Louvre, s'il eût pu voir l'Image de son Bienfaiteur placée à son entrée, ne pouvant jouir du bonheur de le posséder. Mais ç'eût été pour lui trop de faveurs à la fois, après celle d'avoir été tiré de son aviliſſement, & rendu à la décence. Bien-tôt l'exécution de Vos ordres, va impoſer ſilence à nos Voiſins. Bien-tôt nous n'aurons plus à rougir de leurs reproches humilians de légéreté & de mépris pour nos plus excellentes productions, dès qu'elles ont perdu le mérite national, ſupérieur à tous les autres, celui de la nouveauté.

Quelle joye pour les habitans de cette Ville, SIRE, & pour tous les François, lorſque ces bâtimens indécens, ennemis de Votre gloire & de la nôtre, tomberont à la voix de Votre Majeſté, & que leur chûte nous découvrira le plus magnifique ſpectacle en ce genre dont les yeux puiſſent être frappés! Quel beau jour pour cette Capitale! C'eſt alors que toutes les voix de vos Sujets déja réunies pour bénir le Monarque qui a donné si généreusement à toute l'Europe une Paix si désirée & si long-tems attendue, formeront de nouveaux concerts d'acclamations pour rendre graces à Votre Majesté d'en avoir employé les avantages & les heureux loisirs à relever le goût des Arts, & à donner de l'émulation aux Talens par le libre aspect & la perfection de ce modéle incomparable.

Ce témoin authentique & éternel de la sublimité du génie de la Nation, nous Vous le devrons uniquement, SIRE. Il a illustré le regne de Votre Prédécesseur, il immortalisera le Vôtre. Louis XIV. l'a enfanté & presque abandonné dès sa naissance par le malheur des guerres & la fatalité des tems, Louis XV.

après avoir donné la Paix à ses Sujets, l'aura porté à son plus haut dégré de splendeur.

Et Vous, dont la vigilance & l'habileté concourent si heureusement au bien de l'Etat, aussi sages Ministres, que Citoyens ardens pour l'honneur de la Patrie & la gloire de votre Roi, qui avez reçû de ses bontés, des ordres si favorables à nos désirs: Vous (*), dont le nom illustre est depuis si long-tems en vénération à tous les Citoyens, & a mérité à tant de titres la confiance la plus intime & la plus distinguée de nos Rois pour le Gouvernement important de leur Capitale, modéle de celui de toutes les Villes du Royaume; Vous, (**) file dispensateur de ses trésors, instruit par la noblesse de vos sentimens, que le plus digne usage

---

(*) Monseigneur le Duc de Gêvres.
(**) Mr. le Contrôleur général.

des richesses du Souverain, après le soulagement de ses peuples, c'est de les employer à éterniser la mémoire de son Regne par de célébres Monumens; que ne vous devra pas la Ville de Paris, pour avoir applani toutes les voies à ce sujet, que d'autres Ministres moins jaloux de la grandeur des François & de leur propre gloire, auroient pû fermer dans les tems les plus favorables! Vous enfin, (*) entre les mains de qui Sa Majesté a déposé le soin particulier & l'honneur de ses Palais, aussi-bien que celui des beaux Arts, & qui justifiez tous les jours son choix par votre zéle pour leurs progrès, & la sage distribution de ses récompenses; Vos noms précieux à toute la nation, vont marquer l'époque de sa gloire. Unis au nom sacré de Sa Ma-

---

(*) Mr. le Directeur général des Bâtimens, Arts, & Manufactures Royales.

jesté, ils seront gravés encore plus profondément dans nos cœurs que sur les marbres & les métaux qui les attendent pour les annoncer à toute la terre. Ils publieront éternellement que la magnificence de Louis XV. a donné à la France son Palais achevé ; mais ils diront en même-tems que c'est votre activité, & votre ambition pour la célébrité de son Regne, qui en ont hâté, soutenu & perfectionné les travaux.

Heureux vos Sujets, grand Roi, si leur zéle pour la Patrie est un hommage digne de Vous, & si la durée immortelle de ce Monument, en apprenant Votre grandeur à la postérité, peut l'instruire encore de leur amour & de leur reconnoissance. Ce sont les vœux,

SIRE,

De vos très-soumis, très-fidéles, & très-affectionnés Sujets.
LES HABITANS DE LA VILLE DE PARIS.

ODE

SUR

LES PROGRÈS

DE LA

PEINTURE

SOUS LE REGNE

DE LOUIS LE GRAND.

1725.

ODE
SUR LES PROGRÉS
DE LA
PEINTURE
SOUS LOUIS XIV.
1725.

QUEL prodige m'éleve au-deſſus du tonnere ?

Sur des aîles de feu j'abandonne la terre ;

Je vois les Immortels & la céleſte Cour :

En vain le Dieu du jour m'y vient offrir ſa lire,

J'abjure ſes tranſports, ſes fureurs, ſon délire ;

Un plus paiſible Dieu m'inſpire en ce grand jour.

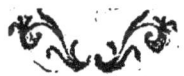

C'est Louis. Je le vois assis au-près d'As-
trée,
Faire encor nos destins du haut de l'Empirée,
Et son plus doux bonheur du bonheur des mor-
tels :
Dans le conseil des Dieux sa grande ame pré-
side,
Assise au même rang & d'Auguste & d'Alci-
de,
Je la vois partager l'encens de leurs autels.

Que tes regards, Louis, enflamment mon
courage :
Qu'ils prêtent à mes chants un sublime lan-
gage,
Pour célébrer les Arts illustrés par tes loix :
Aujourd'hui du Pinceau je vais chanter la
gloire,
Et graver en airain au temple de Mémoire,

Fin de l'In- Les noms les plus fameux des Apel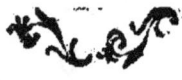
vocation. çois.

Le plus grand des Valois (*) en vain dans
    sa Patrie
Appelle les beaux Arts, & leur donne la vie,
Le démon de la guerre étouffe ses projets :
La France après sa mort, féconde en funé-
    railles,
Voit par un fer sacré (**) déchirer ses en-
    trailles,
Et ses Rois immolés par leurs propres Sujets.

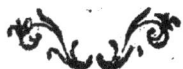

La féroce Bellone aux Lettres si fatale,
Replongeoit les Talens dans la nuit infernale,
Et livroit la Science & les Arts au mépris :
Quand d'un siècle nouveau l'aurore étincel-
    lante
Annonça de beaux jours, consola notre at-
    tente ;
Dessillant les yeux, éclaira les esprits.

Savant appui des Arts, Séguier Minis-
    tre illustre,

(*) François Premier.
(**) Les guerres de la Religion.

Le Pinceau des François te doit son premier luſtre,
Et Voüet eût vû ſans toi ſes talens enfouis :
Ses diſciples fameux, plus ſavans que leur Maître,
Mignard, le Brun, Sueur feront bientôt connoître
Que Voüet devoit former des Peintres pour Louis.

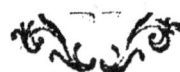

Louis enfin paroît. Tout change à ſa préſence :
L'erreur, & le faux goût, l'orgueilleuſe ignorance
Trébuchent dans l'abîme aux éclairs de ſes yeux :
Minerve fait marcher les beaux Arts ſur ſes traces ;
Elle répand ſur eux la dignité, les graces,
Et ce feu (*) dérobé dans le tréſor des Dieux.

(*) Le Génie.

De l'esprit de Louis-Colbert dépositaire
Fut bientôt des Savans l'infatigable pere,
Et nos bienfaits pour eux franchirent les deux mers :
Le mérite sous lui, sûr de sa récompense,
Accourt de toute part pour admirer en France
Ce Roi dont le nom seul occupe l'univers.

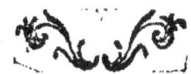

Poëte, Historien, mâle & savant génie,
Poussin par ses travaux étonne l'Italie,
Et reçoit de ses mains un laurier immortel :
Heureux, si moins charmé des antiques Sculptures,
Il eût mis plus de feu dans ses doctes figures !
Son nom eût égalé celui de Raphaël.

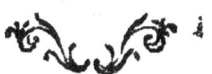

A peine aux yeux savans le Brun se fait connoître,
Que les maîtres de l'Art le présagent leur maître,
Et de son premier vol cet aigle atteint les Cieux;

Quelles expressions ! quelle grandeur d'idée !
De l'orgueilleux Romain l'Ecole intimidée
Croit ce Zeuxis François inspiré par les Dieux.

Cependant du haut du rang, que la gloire lui marque,
Le Brun fut descendu, si la jalouse Parque (*)
N'eût tranché du Sueur les jours trop tôt fameux :
Sublime imitateur de la belle nature,
Il eût été bientôt le Dieu de la Peinture,
Et le maître immortel de nos derniers neveux.

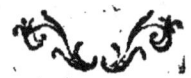

Telle est de son pinceau la savante magie,
Qu'il donne à ses sujets la pensée & la vie,
Et maîtrise les cœurs par ce puissant attrait,

(*) On croit que le Sueur est mort empoisonné par ses concurrens à l'âge de 38 ans.

Le Brun, tu peins aux yeux le fier, & le terrible ;
Mais le Sueur peint l'ame, il nous la rend visible,
Et tout céde à l'effort d'un si divin portrait.

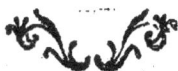

Mais quel nouveau spectacle ! & par quelle puissance
Mon œil ici des Cieux perce la voute immense ?
Je vois les Bienheureux dans le sein du repos :
Par ton Dôme, (*) Mignard, tu combles notre gloire ;
Ta Fresque arrache au Tibre une entiere victoire,
Et la France triomphe enfin de ses rivaux.

O ! que ne puis-je ici d'une plume hardie
Peindre tous ces Héros, l'honneur de leur Patrie,

___

(*) Le Dôme du Val-de-Grace.

Boulogne, Jouvenet, la Hire, les Coypels,
Et Bourdon, & la Fosse, & Rigaud, Largillere,
Et cent autres Pinceaux que le desir de plaire
A tes regards, Louis, rendit seul immortels.

Oui, c'est à tes regards, c'est à ton goût sublime
Que ces braves François jaloux de ton estime,
Ont dû de leurs efforts les rapides progrès :
D'un seul mot, disoient-ils, d'un coup d'œil favorable,
Ce grand Roi, des talens pere & juge équitable,
Paye plus nos travaux que par tous ses bienfaits.

Espoir de notre gloire, ô! vous jeunes Apelles!

Egalez, surpassez, s'il se peut, ces mo-
déles,
Et du nouveau Monarque enchantez les re-
gards :
Hâtez-vous, profitez du loisir qu'il vous
donne ;
Pour tracer ses exploits bientôt Mars & Bel-
lone
Exigeront de vous tout l'effort des beaux
Arts. (*)

PRIERE
pour le Roi.

SEigneur, écoute la priere
Que la France aujourd'hui t'addresse par ma
voix.
Que toujours invincible en pratiquant tes
loix,
Louis montre à la terre entiére
Que la crainte de Dieu fait la force des Rois.
Qu'il préfére au vain bruit d'une valeur
guerriere,

(*) *Quod cecinit Vates, armis Rex ipse sacravit.*

Des Lettres & des Arts les établissemens,
Des pacifiques Rois, durables monumens.
Qu'il goûte au fond du cœur le sublime avantage
D'obtenir notre amour plutôt que notre hommage.
Pour combler enfin nos souhaits,
Que nos neveux bénissent la mémoire
De Louis plus flatté du bien de ses Sujets,
Que des lauriers de la Victoire ;
Qu'ils regretttent un jour de n'avoir que l'histoire
D'un Regne où nous vivrons heureux par ses bienfaits.

F I N.

TABLE
DES MATIERES
Contenues en ce Volume.

A

ARCHITECTURE. Supériorité de cet Art comparé à la Peinture & à la Sculpture, & pourquoi ? 273. absolument nécessaire aux Peintres d'Histoire ; 259

ARC-DE-TRIOMPHE du Fauxbourg St. Antoine, 41--43. 276

ARCHITECTES Romains. Grandeur de leurs sentimens, 135. 136. Excellens Architectes combien rares ! 127--129

ADAM (les freres) Sculpteurs célébres, 268

ANTONIN le Pieux Empereur Romain, Sa maxime favorite, 36. 37

APOTHÉOSES ou Travestissemens ridicules de plusieurs Dames dans leurs Portraits, 211--214. 265

B

BASNAGE. Son éloge de Claude-Perrault, 145

BATIMENS dans la Cour du Louvre, 153--159

BATIMENT nouveau vis-à-vis du Palais des Tuileries, 30
BERNIN (le Cavalier) 139. Son deſſin pour le Louvre n'eſt pas agréé, 142. Deſcription de celui du même Auteur qui auroit été ſuivi pour une ſuperbe fontaine devant le Louvre s'il eût été achevé, 145-150
BLONDEL, excellent Architecte, 26
BOILEAU veut diſputer à Perrault le deſſin de la Colonnade du Louvre 142. refuté, 142--144
BOFFRAND, célèbre Architecte. Son témoignage en faveur de Perrault, 146
BOUCHARDON, fameux Sculpteur, 268
BOUCHER, Peintre renommé, 298
BOURDON, fameux Peintre du ſiècle de Louis XIV. 354
LE BRUN, grand Peintre & un des plus grands génies du ſiècle de Louis XIV. Eloges de ſes Batailles d'Alexandre 15-16. de ſon tableau des Reines de Perſe dans la tente de Darius, 246--248
BUFFON (M. de) Académicien célèbre, à la direction du Jardin du Roi, & de ſon Cabinet d'Hiſtoire naturelle, 173

C

CARROUSEL. Feſte ſuperbe donnée par Louis XIV. 68--71
CARROSSE. Beautés extravagantes de leurs Peintures, 205
CHAMPS-ELISÉES plantés par Colbert avec l'Etoile & le Roule, 117

DES MATIERES.

CHANTILLI. Ses Jardins chefs-d'œuvre de le Nautre, 53. 54

LE CLERC, célébre Graveur, excellent Compositeur, 257, 261

COLBERT. Prodiges de la Nation sous son ministère xxiij. Etablit les Académies des Sciences, d'Architecture, de Peinture à Paris & à Rome, & de Sculpture, 84. étendue immense de son génie, 98. Ses vastes Projets pour le Commerce, 105. Exécute celui de la Jonction des deux Mers, 108 --- 111. à la confiance entiére de Louis XIV. 73. 88 dépositaire de son esprit, & le pere des Sçavans, 351. Sa connoissance des Talens, 238. 289. Son ombre se précipite aux enfers à l'aspect du Louvre, 166

COLORIS, Partie nécessaire pour mériter le nom de grand Peintre, 250. 251. Son éloge, 252

COUPE DES PIERRES. Science indispensable aux Architectes. Perrault y est profondément versé, 238

CRITIQUE, sa nécessité, 185. 190. combien coupable & offensante dans les Ecrits publics quand elle est sans ménagement xlj. grande difficulté de critiquer adroitement & sans blesser quand on veut être sincère, 327. 328. n'est estimée & recherchée que des génies supérieurs, 292

CURIEUX en Tableaux, Bronzes, Porcelaine, & leurs magnifiques Cabinets, 220

D

DESSIN, Partie de la Peinture, 256. plusieurs Peintres François sous Louis

TABLE

XIV. y ont excellé, lviij. Science inutile & même dangereuse aux Rois & aux Ministres, 126. 127

Mr. DESLANDES, ancien Commissaire de la Marine, Auteur de plusieurs excellens ouvrages, 96

DÉSINTÉRESSEMENT. Caractere ordinaire des grands Artistes, 137, 138

DIANE, son Temple à Ephèse, 132

DISTRIBUTION d'un Bâtiment. Importance de cette Science, xliij. négligée par les anciens Architectes & par plusieurs bons Modernes, ibid.

DEVOIRS des préposés aux voyes publiques, 37

DESTOUCHES Architecte. Son beau Plan pour les Quinze vint, 33 -- 36

E

EAUX de Versailles. Description des travaux qu'elles ont couté, 64. Leurs effets enchanteurs, 65

ECRIVAINS. Portrait de ceux d'aujourd'hui, xxv

ELOQUENCE. Grand pouvoir de ce bel art, 271

ESCALIER des Ambassadeurs à Versailles, ses Peintures admirables de le Brun, 114

F

LAFOSSE Peintre célébre, 354

FONTENELLE (M. de) Son éloge, 192. 193

FRANÇOIS. Leur caractere, XV

FRANÇOIS Premier appelle les Arts en France, 349

FALCONET, Sculpteur d'aujourd'hui estimé, 268

G

GALLERIE d'Appollon au Louvre par le Brun, 14

GARSAULT (M. de) Colbert lui donne le gouvernement des Haras du Roi, 100. 101

M. GAIGNAT. Son beau Cabinet de Tableau, 221

GLACES, combien nuisibles au progrès de la Peinture ! 200. 201. leurs avantages, *ibid.*

GRECS. Éloge de leurs ouvrages & de leur leur génie sublime, 131

H

HEVELIUS, fameux Astronome à Dantzick, 91

St. HILAIRE, habile Ecclésiastique employé par Colbert, 103

HISTOIRE. Genre de Peinture le plus grand, le plus sçavant, & le plus difficile, 195

HOSTEL de Ville de Paris, Indécence de son Bâtiment & de sa Place, 171

I. J.

INVALIDES (Hôtel des) Beau Portail de son Eglise, 87

IMAGINATION souvent dangereuse, xxxj

JABACK achète chés les étrangers les Tableaux de Louis XIV. 17

JARDIN du Roi, relevé & enrichi par M. le Comte de Maurepas, 173

L

LOUIS XIV. Elévation de son goût & de son génie toujours porté au Grand, 11. Ses entretiens avec Colbert, & sur quoi ? 77. 78. Envoie des Architectes à l'Orient, 130. Ode à son honneur, 347. Sa présence change la face des Arts, 350. &c.

LOUIS XV. Son éloge, 169. 170

LOUVRE. Son superbe Péristile du côté de St. Germain l'Auxerrois, 274. 275. 118 -- 120. Déshonoré par les Bâtimens de sa cour, & par tout ce qui l'environne. 153 -- 159. 225 -- 227. On propose de l'abbattre sous le Card. de F. 164. Réponse à la Barbarie & à l'extravagance de cette idée, *ibid.* Son déplorable état arrache des larmes à tous les bons Citoyens, 153. 159. 160. &c. Vers de Voltaire sur son avilissement, 177. 178

LOISIRS des Peintres d'Histoire à quoi doivent être employés ? 241

LUXEMBOURG (Palais du) sa belle Gallerie peinte par Rubens, 233. Exposition publique des Tableaux du Cabinet du Roi dans ce Palais, 18

LUXE des François tourné au profit de l'Etat par Colbert, 95. Luxe excessif & offensant des Nobles modernes, & des nouveaux enrichis dans l'habillement de leurs Laquais. *Addition à la page 120. lig. 4. en Note.*

M.

MINISTRES. Quels sont les plaisirs des bons & leur véritable gloire ? 84.

Leur application sérieuse à réformer les abus du Gouvernement, 13. De quelle importance il est pour l'Etat qu'ils veillent sur les établissemens des Manufactures, & qu'ils les soutiennent? 67. Nul bon Ministre s'il n'est bon Citoyen, 72

MAXIMES générales & aisées pour bien regner, & que tous les Rois sont capables de mettre en pratique, 74-77

MARINE en France relevée par Colbert 95. 107. Combien nécessaire pour sa force & sa sureté ? 103---106

MAUSOLE. Son Tombeau, 132

MENDIANS dans Paris tolérés malgré leur indécence & leur excessive incommodité. *Addition à la pag. 37. en Note à la derniere ligne.*

MEUDON planté par le Nautre, 5.

MUSIQUE. Le moins utile des beaux Arts. 57.

N

LE NAUTRE créateur des Jardins, 49--50. Belle réponse de lui à Louis XIV. 57

NATTOIRE, Peintre estimé, 298

O

ODE. Quel est son Caractére ? liv. lv. lvi.

ORFÉVRES. Le Portail de leur Chapelle, 279

ORANGERIE de Versailles. Son superbe Escalier par qui inventé, 59. 60. Dessiné par le Czar, 59

P

PATRIOTE, nom cher aux bons François, ix

PALAIS-ROYAL. Richesse admirable de ses Cabinets de Tableaux, & combien précieuse & honorable à la Nation ? 219

PARNASSE François imaginé par M. Titon du Tillet, 20. Eloge de ce Citoyen, 22. 23.

PAUL-VERONE'SE. Son Tableaux des Pélerins d'Emaus, combien inférieur pour la composition & le génie à celui de le Brun placé vis-à-vis à Versailles, 248. 249

PEINTRES. Rapport exact des Peintres & des Poëtes, 198

PEINTRES François. La plûpart foibles Coloristes, 253. 256

PEINTRES d'Histoire, à quoi réduits au-d'hui ? 208

PEINTRES en Portraits les seuls à la mole & fort employés & pourquoi, 210

PORTRAITS. Combien le goût général de la Nation pour les Portraits est nuisible à la Peinture ? 207. 208

PEINTRES Flamands. Leurs Tableaux recherchés aujourd'hui avec fureur, 215. Leurs défauts, 217. Leur mérite, *ibid.* Pourquoi préférés dans nos Cabinets aux Italiens ? 118

PEINTRES de fruits & de fleurs, genre le plus médiocre, 222

PERSPECTIVE. Science absolument nécessaire aux Peintres d'Histoire, 259

PERRAULT (Claude) son éloge, 122.

abondonne la Médecine & la Phisique pour l'Architecture, 124. 125. Traduit excellemment Vitruve, *idid.* Son deſſin du Louvre préféré, 141. En vain attaqué par Boileau, 142--144

PERISTILE du Louvre. Chef-d'œuvre de génie & de bon ſens, 142

PHILIPPE d'Orléans Régent de France, a peint pluſieurs tableaux, 230. 231. étoit conuoiſſeur éclairé en Peinture, *ibid.*

PHIDIAS Sculpteur Athénien. Ses ouvrages admirables, 131. 132.

PLATFONDS. Les grands ſujets en Peinture en ſont bannis aujourd'hui à ſon dommage, 206. Vers de Voltaire à ce ſujet, 207

PORTES en Arc-de-Triomphe élevées par Colbert, 25

PONTS. Colbert en eut fait abattre toutes les maiſons, & pourquoi? 80. 81

Q

QUAI Pelletier. Comment élargi par Colbert, 79. Chef-d'œuvre de Bullet, *ibid.*

R

REMPARTS de Paris plantés par Colbert, 24. Il en fait raſer toutes les maiſons du côté de la Campagne, & pourquoi? 81. Leur état déplorable d'à préſent, *ibid.*

RÉGLEMENS pour l'élargiſſement des Rues, éludés, & comment? 33

RÉGLEMENS. Sageſſe de ceux de la Nation. Folie de leur inexécution, 40

RICHELIEU (Cardinal de) son projet de la Jonction des deux Mers, 108

ROIS. Combien les bons sont à plaindre ! 163

ROY (Julien le) célèbre Horloger dans les deux mondes, 98, 99

S

SALLES des Spectacles dans Paris combien ignobles & incommodes ? 38. 39. Dessin d'une Salle d'Opera par M. de Boffrand qui réunit tous les avantages à la beauté, & où placée ! *ibid.*

SAVANS envoyés par Louis XV. aux cercles Polaires pour déterminer la figure de la Terre, 172

SALI, excellent Sculpteur, 268

SCULPTURE. Difficultés d'exceller en cet Art, comparées à celles de la Peinture, 268

SIECLE de Louis XIV. Eloge de ce beau siècle, 86

SLODZ (Michel-ange) Sculpteur renommé, 268

SUJETS. Leur choix écueil des Peintres médiocres & ignorans, 192. Difficiles en Sculpture, 271. doivent être intéressans, & pourquoi ? 245

T

TURENNE (Maréchal de) change le caractere de la nation Françoise, xxij.

TABLEAU de Piété. Pourquoi tombés ? 218. 219

M. de TOURNEHEM fait exposer au Luxembourg les Tableaux du Cabinet du Roi, 18

DES CHAPITRES.

M. TITON du Tillet. Son Parnasse françois, 20

THÉATINS. Portail de leur Eglise bâti depuis peu sans aucun goût, 31

M. de THIERS (Crozat) a une belle collection de Tableaux, 221

TRIANON son éloge, 62

TRAVAUX. Prix de tous les grands succès, 243

V

LE VAU Ier. Architecte du Roi. Pourquoi appellé Architecte de *tradition* ? 147. Préside à l'exécution du Louvre du Dessin de Perrault, *ibid.*

VERSAILLES (Château de) & Jardins par Mansard & le Nautre, 55. Son grand défaut, 58. 66

VÉRITÉ. Beauté de son spectacle, xxxiij

VERS admirables du grand Corneille sur la Jonction des deux Mers, 112. 113. de M. de Voltaire sur le Louvre & les Bâtimens neufs de sa cour, 177. 178. Sur les Plat-fonds d'à présent, 107

VENCE. (M. le Comte de) son Cabinet de Tableaux, 221

VOYER. (M. le Marquis de) Curieux en Tableaux, & Connoisseur, a un beau Cabinet, 221

VOSSIUS (Isaac) en Suéde, gratifié par par Louis XIV. 350

VERTUS morales combien froides en Sculpture, 271

VOUET. Maître des grands Peintres de Louis XIV. 350

Fin de la Table des Matieres.

CORRECTIONS
Dans l'Avertissement.

Page xxviij. *lig.* 9. tout rampe sans éléva-tion, *lisez*, tout rampe sans vigueur.
P. xlj. *l.* 2. pubics, *lisez*, publics.